书山有路勤为径，优质资源伴你行
注册世纪波学院会员，享精品图书增值服务

人才领先战略系列丛书

针尖战略

战略聚焦的30个工具

李祖滨　孙克华 ◎著

电子工业出版社
Publishing House of Electronics Industry
北京·BEIJING

图书在版编目（CIP）数据

针尖战略：战略聚焦的 30 个工具 / 李祖滨，孙克华著. —北京：电子工业出版社，2024.3
（人才领先战略系列丛书）

ISBN 978-7-121-47484-2

Ⅰ. ①针… Ⅱ. ①李… ②孙… Ⅲ. ①企业管理－战略管理 Ⅳ. ①F272.1

中国国家版本馆 CIP 数据核字（2024）第 052257 号

责任编辑：吴亚芬　　文字编辑：牛亚杰
印　　刷：三河市良远印务有限公司
装　　订：三河市良远印务有限公司
出版发行：电子工业出版社
　　　　　北京市海淀区万寿路 173 信箱　邮编：100036
开　　本：720×1 000　1/16　印张：11.5　字数：188 千字
版　　次：2024 年 3 月第 1 版
印　　次：2024 年 3 月第 1 次印刷
定　　价：68.00 元

凡所购买电子工业出版社图书有缺损问题，请向购买书店调换。若书店售缺，请与本社发行部联系，联系及邮购电话：（010）88254888，88258888。

质量投诉请发邮件至 zlts@phei.com.cn，盗版侵权举报请发邮件至 dbqq@phei.com.cn。

本书咨询联系方式：（010）88254199，sjb@phei.com.cn。

2040 年，让中国人力资源管理领先世界

李祖滨　德锐咨询董事长

南丁格尔的启示

因为我出生在国际护士节 5 月 12 日这一天，还因为我的母亲做了一辈子的护士，所以我对被称为"世界上第一个真正的女护士"的南丁格尔一直充满了好奇心。2018 年 10 月，我在英国伦敦独自一人参观了南丁格尔博物馆。博物馆在圣托马斯医院内，面积约 300 平方米，里面模拟了当时战场上的行军床、灯光，还模拟了枪炮声，以及战场伤员痛苦的叫喊声。博物馆内一个展柜吸引了我的注意，上面写着"She is a writer"（她是一位作家），她一生留下了 20 多万字的有关护理工作的记录，其中不仅有南丁格尔记录护理经历的 63 封书信、札记，还有她的《护理札记》《医院札记》《健康护理与疾病札记》等多部专著。这些给了我很大的触动：南丁格尔也许并不是第一个上战场做护理的人，也不是救治伤员数量最多的人。但因为她是关于护理工作最早、最多的记录者，她以事实、数据和观察为根据，总结了护理工作的细节、原则、经验和护理培训方法等，并把这些记录写成书籍流传下来，向全球传播，为护理工作发展为护理科学做出了重要的贡献，所以她当之无愧成为护理学的奠基人。

这一年，我和我的团队已经完成了"人才领先战略"系列第 3 本书的写作，参观南丁格尔博物馆的经历更加坚定了我写书的信念。我们要写更多的书，只有这样才能真正地为中国、为中国企业、为中国的人力资源管理做出我们应有的微薄贡献，才能不辜负这个时代赋予我们的使命！

⇨ "人才时代"已到来

从增量经济到存量经济

改革开放 40 多年，中国经济发展可以粗略地分为"增量经济时代"和"存量经济时代"两个阶段。

第一阶段是 1978—2008 年，是需求拉动增长的"增量经济时代"，这个阶段也被称作"中国经济黄金 30 年"。中国经济形势大好，很多企业即使不懂经营和管理，也能做大规模，获得经济大势的红利。企业似乎只要能够生产出产品，就不愁卖不出去，就可以轻易获取源源不断的收入和利润。在这个阶段，规模、速度、多元化是企业的核心关注点，内部管理是否精细并不重要。

第二阶段是 2008 年之后，中国转向"存量经济时代"，人口红利逐渐消失，城镇化和工业化增速放缓，造成整体市场需求增长趋缓，竞争越发激烈。过去那些不注重内部管理只追求规模的企业，那些为做大规模而过度使用金融杠杆的企业，那些仅靠赚取大势红利生存的企业，这时候都遭遇难盈利甚至难生存的危机。特别是 2018 年开始，全球贸易保护主义盛行，经济全球化遇挫；2020 年的新冠疫情，让中国"存量经济时代"的特征更加凸显——企业的可持续增长面临越来越大的压力。如何调整自身以应对新时代的挑战？如何在新时代找到增长与竞争的新的成功逻辑？这是所有企业需要解决的新课题。

时代给出了答案并做出了倾向性的选择。在"存量经济时代"，越来越多的企业意识到人才的重要性，对人才的渴望也达到了空前的水平，企业家发现，唯有充分利用"人才红利"才能实现企业在新时代的突围，企业在新时代乃至可预见的未来应该倚重的不是金融资本、自然资源、政策支持，而是越来越紧俏、越来越稀缺的各类人才。

个体价值崛起

2014 年被称为"中国移动互联网元年"，也是从这一年开始，众多企业开始推行"合伙人计划"。从万科推行事业合伙人以来，"合伙人"一时风靡于各行各业，被大大小小的企业追随。"合伙人计划"的背后，是当下的"人"作为一种资本，它与物质资本、金融资本一样，能够平等享受对剩余价值的分配权。不仅如此，"人"还可以参与企业的经营和决策，这是一种个体价值的崛起！

企业家发现，在这个时代，"人"靠知识、能力、智慧对企业价值的创造起到了主导甚至决定性的作用，"人"的价值成为衡量企业整体竞争力的标志。"人"与企业之间从单纯的"雇佣关系"变成"合伙关系""合作关系"，这也体现了企业家重视并尊重"人"创造的价值。海尔实行的"公司平台化、员工创客化"的组织变革渐渐让我们看到，未来"不再是企业雇用员工，而是员工雇用企业，人人都是 CEO"的雇佣关系的反转。

从以"事"为中心转向以"人"为中心

在人和事之间，传统的管理理论一直认为，人处于"从属"地位，我们认为这是由工业时代的管理思维决定的。在传统的工业化时代，因为外部环境的变化不大、不确定性不强，对"事"的趋势性预测相对比较准确，外部的机会确实也比较多，人对企业发展的作用相比金融资本、自然资本确实会小一些，所以大部分企业家在企业管理上仍以"事"为中心。

但是，到了"存量经济时代"，外部环境变幻莫测，不确定性和不可预测性显著上升。同时，随着个体价值崛起，人才对企业发展的重要性已经显著超过其他资本。我们发现，那些优秀企业也早已在积极践行以"人"为中心的管理战略。谷歌前 CEO 埃里克·施密特在《重新定义公司》中讲道："谷歌的战略是没有战略，谷歌相信人才的力量，依赖人才获得的技术洞见去开展新业务，不断地进行创造和突破，用创造力驱动公司的增长。"在国内，华为、腾讯、字节跳动、小米等标杆企业在践行"人才是最高战略"的过程中构筑了足够高的人才势能。它们通过持续精进的人才管理能力，重金投入经营人才，不断强化人才壁垒，获得了越来越大的竞争优势。

很多企业家对我说他们缺兵少将，我们研究发现这是非常普遍的现象，而造成这一现象的根本原因是，"重视人才的企业越来越多，加入人才争夺的企业越来越多，而人才供应的速度跟不上企业对人才需求的增长速度"，所以人才缺乏现象普遍且严重。当今的企业在人才争夺上，面临着前所未有的挑战。我们发现，那些优秀的企业都在竭尽所能地重视人，不计成本地争夺人，不顾一切地投资人，千方百计地激励人，人才正在向那些重视人和投资人的企业集聚。

因此，在新时代企业要生存、要发展，"以人才为中心"不是"要不要做"的选择题，而是"不得不做"的必答题，否则人才将离你远去。

即使很多企业已经开始转向"以人才为中心"，但是很多企业在人力资源管理上的思维仍然停留在传统的工业化时代，存在着诸多误区。

人才管理的三大误区

误区一：不敢给高固定薪酬

纵观当下，采用低固定薪酬策略的企业通常都沦为"普通企业"或"昙花一现的企业"，而优秀企业通常采用高固定薪酬策略。从低固定薪酬转向高固定薪酬的障碍就是，人力资源管理转型的薪酬鸿沟，如图总序-1 所示。

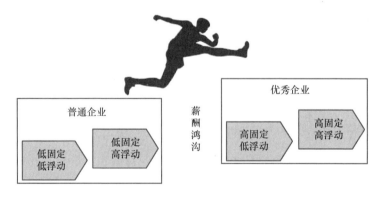

图总序-1　人力资源管理转型的薪酬鸿沟

误区二：以考核取代管理

以考核取代管理这个误区的根源是长期的"路径依赖"，以及由此产生的一系列人力资源管理的做法。这种"路径依赖"让企业习惯于基于绩效考核结果来发放薪酬，这种薪酬发放方式自然而然地形成了"低固定高浮动"的薪酬结构。

这种"路径依赖"也让企业产生"雇佣兵"思维，企业不注重培养"子弟兵"，缺人就紧急招聘，做不出业绩就没有奖金或提成，而以这种薪酬策略又极难招到优秀人才（见图总序-2）。久而久之，企业就失去了打造优秀组织的机会和能力，使得企业在当前和未来的新经济形势下举步维艰。

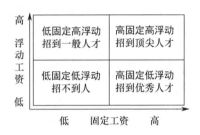

图总序-2　不同薪酬策略吸引不同的人才

误区三：以人才激励代替人才选择

激励的目的是，让员工产出高绩效成果。很多人在研究激励体系，企业也在变着花样地优化自己的激励体系。然而我极少看到有企业家对自己企业实行的激励机制感到满意。那些对激励机制感到满意的企业往往不是因为激励本身，而是因为企业打造的人才队伍和组织能力。

事实上，员工的绩效在你聘用他的那一刻就已经基本确定了。我经常做一个类比：如果农夫选择了青稞种子，那无论如何精心地耕种和照料，也无法产出杂交水稻的产量。基于长期大量的观察、研究和咨询实践，我发现，企业选择员工就像农夫选择种子，在选择的那一刻也就基本确定了收获成果。

🔷 21世纪第一竞争战略：人才领先战略

人才领先战略是什么

"人才领先战略"是一个完整的管理体系，它包含企业成为领先企业的成功逻辑，其所要表达的核心思想就是"如果在人才方面优先投入和配置，那企业的发展将会有事半功倍的效果"。

基于长期主义的思维，如果企业能够聚焦于人，将资源优先投入到人才管理上，那么其发展速度、利润收益会是同行的几倍；随着企业规模的扩大，企业家和管理者的工作量不需要成倍增加，他们在工作中会变得更加轻松和从容。我们把"人才领先战略"翻译成英文"Talent Leading Strategy"，这是一个先有中文后有英文的管理学新词，在西方成熟的管理体系中还未出现过。

完整的"人才领先战略"体系包括四大部分，如图总序-3 所示。

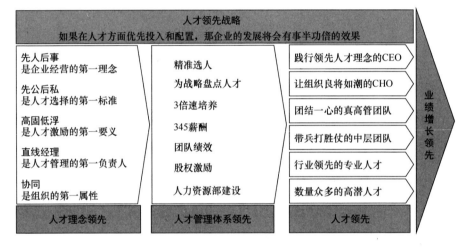

图总序-3　人才领先战略模型（"人才领先战略"体系）

1. 人才理念领先

优秀企业领先于一般企业的关键是，拥有领先的人才理念和足够多的优秀管理人才。

企业家和企业高管需要摒弃陈旧的、片面的、错误的人才理念，刷新符合时代特征和要求的先进人才理念，用人才领先战略的理念武装自己。

新的时代背景下，我们为中国企业家萃取了领先的人才理念：

- "先人后事"是企业经营的第一理念；

- "先公后私"是人才选择的第一标准；

- "高固低浮"是人才激励的第一要义；

- "直线经理"是人才管理的第一负责人；
- "协同"是组织的第一属性。

2. 人才管理体系领先

为中国企业做大做强，我们帮助企业建立领先的人才管理体系：

- 精准选人；
- 为战略盘点人才；
- 3 倍速培养；
- 345 薪酬；
- 团队绩效；
- 股权激励；
- 人力资源部建设。

拥有领先的人才管理体系，企业相比同行和竞争对手：

- 在人才选择方面，能吸引、识别并选拔出更多优秀的人才；
- 在人才决策方面，以基于战略的人才盘点作为企业人才决策的主要依据；
- 在人才培养方面，更加精准与快速地培养出企业战略发展需要的人才；
- 在薪酬方面，能以同样的激励成本获取更高的人效；
- 在绩效管理方面，能推行促进团队协作、提高组织协同的团队绩效；
- 在股权激励方面，要慎重使用股权激励，以"小额、高频、永续"的模式让股权激励效果最大化；
- 在人力资源部建设方面，更能够让人力资源部走向台前，成为组织能力建设的核心部门。

3. 人才领先

企业做到以下 6 个方面，就做到了人才领先：

- 践行领先人才理念的 CEO；
- 让组织良将如潮的 CHO；

- 团结一心的真高管团队；

- 带兵打胜仗的中层团队；

- 行业领先的专业人才；

- 数量众多的高潜人才。

4. 业绩增长领先

企业一旦拥有了以上 6 个方面的人才领先优势，就能做到：企业良将如潮！业绩增长领先！

谁能把企业做强做大

未来的中国企业将经历市场洗牌的过程，在无数次面对企业家讲课时，我明确地说道：

"未来 20 年，企业如果没有进入行业前十就没有生存权，如果没有进入行业前三就没有安全感。没有进入前三、前十的企业都会被淘汰出局。"

在供给过剩的经济环境下，每家企业都在拼命地奔跑，做强做大才能长久生存。那么谁能将企业做强做大呢？

第一，企业做强做大，一定取决于企业的各个部门、事业部、子公司能够做强做大。企业一定不可能出现这种情况，如各个部门、事业部、子公司没有做强做大，结果企业却做强做大了。这种情况不符合逻辑。

第二，企业的各个部门、事业部、子公司能够做强做大，一定取决于各个部门、事业部、子公司的负责人都是能把组织做强做大的管理人才。企业一定也不可能出现这种情况，如各个部门、事业部、子公司的负责人不善管理，不具备把自己的部门、事业部、子公司做强做大的能力，结果他负责的部门、事业部、子公司做强做大了。这种情况也不符合逻辑。企业做强做大的逻辑模型如图总序-4 所示。

第三，能把自己的部门、事业部、子公司做强做大的人是优秀的管理人才，他能不断地从外面招聘并吸引人才加入，他能持续在内部培养出人才，他能激励人才做出贡献，他能把人才团结到一起实现高效协同。

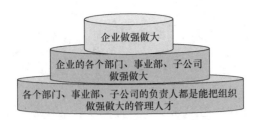

图总序-4　企业做强做大的逻辑模型

第四，能把企业做强做大的是管理人才，是领导自己的部门、事业部、子公司做强做大的人，是优秀的中层管理人才。

企业家面对人才管理问题时的重心是什么？从哪里入手？我的观点是："擒贼先擒王，招聘先招将；打蛇打七寸，重点在中层。"

因此，企业要做强做大，需要关注管理人才、专业人才、高潜人才。其中70%的重心应该在中层管理人才上。

能把企业做强做大的关键是拥有数量充足的优秀的中层管理人才。

⮕ 为使命而写书

从第一本书《聚焦于人：人力资源领先战略》开始，我们历时数年，陆续撰写了《精准选人：提升企业利润的关键》《股权金字塔：揭示企业股权激励成功的秘诀》《345 薪酬：提升人效跑赢大势》《重构绩效：用团队绩效塑造组织能力》《找对首席人才官：企业家打造组织能力的关键》《人才盘点：盘出人效和利润》《人效冠军：高质量增长的先锋》《人才画像：让招聘准确率倍增》《3 倍速培养：让中层管理团队快速强大》等一系列人才领先战略图书，2023 年我们还陆续出版了《双高企业文化》《校园招聘 2.0》等书籍。我们秉持每一本书的每个理念、方法、工具和案例都聚焦于人的原则，努力向企业家详细介绍如何系统实施"人才领先战略"，为企业家指出事半功倍的企业成功路径。

曾有企业家和朋友问我："你们写这么多书的动力是什么？"我发自内心地回答："是为了 2040 年的使命！"实际上，我们写书有 3 个动力。

第一，让勤奋的中国企业少走弯路

大多数中国企业的快速发展依赖于勤奋，但疏于效率。中国的企业家很喜欢学习，但有不少学习的课程鱼龙混杂、难辨真伪。近几年，中国的企业家对人力资源管理的关注热情越来越高。然而人力资源书籍要么偏宏观理论，要么偏操作细节。基于企业家视角，上能贯通经营战略的高度，下能讲透落地执行的人力资源书籍十分匮乏。为此，我将我们的书的读者定位于企业家。

我之所以能对我和德锐咨询对中国企业关于人力资源的需求、痛点、难点的洞察，以及我对全球领先企业的成功做法与实践的识别充满自信，一方面，因为在沃尔玛从事人力资源管理的工作经历让我能够识别国内外优秀企业的共性特征。此外，我们善于整理案例，萃取精华，建立模型，撰写成书。然后向更多的企业推广，让更多的企业能够更方便地学习、掌握并运用先进的做法，避免它们经历过多的寻找、试错、再寻找的重复错误和浪费。另一方面，因为我们在每年年会上接触上千位企业家，与数百位企业家进行深度交流。我们也特别重视主持和参与企业家私董会的问题研讨，这让我们接触到各种类型的企业，以及各个发展阶段面临的组织发展和人才管理的各种问题。这确保我们对问题需求有充分的了解。

我们以最广泛的方式学习、收集《财富》世界 500 强企业的领先做法和中国各行业头部企业的成功实践，包括每年向我们寻求咨询服务的上百家企业的成功实践。它们大多是各行业、各细分领域的领先企业，虽然有各自需要提升的方面，但也都有自己的优秀做法。我们利用自己快速学习、提炼归纳的优势，总结组织发展和人才管理的各种方法论。

第二，让更多企业用上世界领先的管理方法

在写书的过程中，我反复向写作团队强调：不要保密！不要担心同行学会了，就和我们抢业务！不要担心企业家和 HR 负责人读懂了我们的书并且能够加以运用后，就不再找我们做管理咨询了！我们要对自己的研发有自信，我们不断研究和创新，研究企业遇到的新问题，研究行业中还给不出的解决方案，这是"人无我有"。我们还要对行业中的另一种情况进行研究，如有同行在提供

咨询服务，但是理念和方法落后，企业的咨询效果不佳，而我们研究出比同行更与时俱进，更能解决企业实际问题的解决方案，这是"人有我优"。总有优秀的企业希望建立人才先发优势，用到我们领先的咨询产品；总有优秀的企业能拨开迷雾，识别出我们从根本上解决问题的系统性解决方案。以"不要保密"的开放精神去写书，是要让更多的优秀企业和想成为优秀企业的企业知道，德锐咨询能帮助企业找到更好的方法。

我们写书时秉持的宗旨是，我们的书要做到：让读者在理念上醍醐灌顶，在操作上读了就会。我们坚持：总结西方管理的领先理念、《财富》世界 500 强企业的成功经验、中国头部企业的经典案例、中小企业的最佳实践，萃取背后的成功逻辑，构建普适性模型，将应用方法工具化、表格化、话术化。

第三，让中国人力资源管理领先世界

写书过程中的艰难与痛苦只有写书的人才知道。在我们公司的各种工作中，写书是最艰难的事情。我们过去能坚持下来，未来还将坚持下去，皆因德锐咨询的使命——"2040 年，让中国人力资源管理领先世界"。我们希望，在不久的将来，中国能成为世界最大的经济体，不只是规模上的世界领先，更应该是最强的经济体，应该是人均产值、人均利润的领先。这就需要更多的中国企业成为效率领先的企业，成为管理领先的企业，成为人力资源管理领先的企业。作为专注人力资源管理咨询的德锐咨询，我们决心承担这一使命，呼吁更多的企业家、管理者一起通过长期的努力奋斗，不断提升中国企业的人力资源管理水平，直至实现"让中国人力资源管理领先世界"。

我们的用心收到了很多企业家朋友和读者真诚的反馈：

"我这次去美国只带了《精准选人》，深刻领悟了书中的观点。"

"我买了 100 本《聚焦于人》，我把这本书当作春节礼物送给我的企业家朋友。"

"我给我的所有中层管理者都买了《人效冠军》，让他们每个人写读书心得。"

"我们企业家学习小组正在读《重构绩效》，15 个人每周读书打卡。"

"感谢李老师的《股权金字塔》，我们公司正在参考这本书做股权激励方案。"

"谢谢你们的无私奉献,《人才画像》里面写的方法、工具,是我招聘时一直在寻找却没有找到的,你们把这种方法写了出来,很实用!"

"以前我总以为我的一些想法是错的,看了您的书,验证了我的一些成功实践,让我在人才管理方面有了新的思路。我个人不太喜欢看书,但您的书我特别喜欢!我已经买了您所有的书,已经读完了 9 本,两个月内能全部读完。"

这些反馈让我们感到十分欣慰,它们又成了我们持续为企业家写书的动力。

为此,2019 年我和合伙人团队达成一致,坚定地把持续研究、撰写"人才领先战略"的专业书作为公司的一项长期战略任务。我们已经在"十三五"期间完成了 13 本书的翻译和撰写工作。2020 年底,当我们在制定"十四五"期间的规划的时候,也制订了一个宏伟的写书计划:"十四五"期间写 25 本书,"十五五"期间写 50 本书,到 2030 年,我们总计要完成"人才领先战略"系列 88 本书的写作。

🔜 决心和勇气

每家企业都想成为优秀企业,但并不是每家企业都有践行优秀企业做法的决心和勇气。在过去的 10 年中,我们向上万人介绍过"人才领先战略",很多人听到后认为它逻辑合理。但我们发现,真正要他们践行的时候,很多企业家又开始犹豫了。

为什么会犹豫?很多企业家说:"周围的企业都还在用'低固定高浮动'的薪酬模式,我要冒这个风险吗?我如果用'高固定低浮动'的薪酬模式,给错人了怎么办?给了高薪酬,人又离开了怎么办?给了之后,他依然做不出更大的贡献怎么办?企业的人力成本过高,影响经营怎么办?"甚至有的企业家说:"如果我给了高固定工资,别人都托关系把人推到我这边,要求安排工作怎么办?"之所以产生诸如此类的担心和顾虑,是因为大多数人对变化可能带来的风险和损失做了过多的考虑和防范,而对于企业已经蒙受的损失,却有着过高的容忍度。

企业家要跨越鸿沟，需要决心和勇气。

其实，企业家并不缺乏决心和勇气。企业家有买地、建厂房、买设备、并购企业的决心和勇气，但这些都是没有腿、没有脑，自己走不了的：厂房即使坏了，还在那儿待着；设备旧了，还在那儿趴着；并购的企业烂了，也还在手中。

然而，很多企业家缺乏的是招聘、培养、给出高固定工资和让不合适的人离开的决心和勇气。因为人是有腿有脑的，有主观能动性的，当对象会发生变化的时候，我们就会被成功的概率困扰。因此在人才培养方面，企业家要用概率思维估量得失，不能只关注损失，更要关注收获。例如，人才培养，我们不能只看培养后走的人，更应该看培养后留下的人，看到那些已经成为栋梁、为企业创造价值的人。如果我们不培养，就很难有收获；如果我们在培养上下了功夫，即使有人走了，我们还收获了留下的人。

企业家对人要有信心，要信任和激发人性中积极的方面。在人才培养方面要勇于尝试，只有勇于承担用人造成的损失，才能赢得人才争夺战的胜利。

为什么有些企业家缺乏分享的勇气？这是因为他们想当富豪。为什么有些企业家不敢淘汰人？这是因为他们想当"好人"。真正的企业家，应该放弃当富豪、当"好人"的想法。当真正处于企业家位置的时候，放弃这些都是轻而易举的，践行领先人才理念的决心和勇气会油然而生。

今天的"人才领先战略"能否在企业落地实施，关键看企业家面对现在的经济环境有没有决心和勇气。

德锐咨询的"人才领先战略"所介绍的理念、工具和方法，都是卓越企业的做法，并不是大众企业的做法。但这是不是意味着德锐咨询的研究不符合大众企业的利益和需求？

每当我们问企业家："你想让自己的企业成为昙花一现的或者垂死苟活的企业，还是优秀企业或者卓越企业？"所有企业家都希望自己的企业成为行业领先、区域领先、全国领先，甚至世界领先的企业。所有企业家都有着打造优秀企业、卓越企业的情怀与梦想。所以德锐咨询为大众企业提供了如何成为优秀企业、卓越企业的领先理念、正确方法、有效工具，这正符合了大众企业的真正需求。但是，能成为优秀企业和卓越企业的企业并不多，原因就在于，许多企业缺乏在人才培养上下赌注的勇气，没有投资于人的决心。

德锐咨询将把优秀企业、卓越企业的做法，通过管理咨询的实践验证、分析研究，提炼、总结成书籍、文章，公之于众，帮助更多的中国企业成为区域标杆、行业标杆、全国标杆乃至世界标杆，这就是德锐咨询的责任和使命。

吉姆·柯林斯的新书《卓越基因 2.0》中有这样一句话："没有伟大的人才，再伟大的愿景都是空想。"这是很多企业愿景落空的根本原因，而这和德锐咨询"人才领先战略"系列丛书所想表达和强调的思想是高度一致的。我们希望"人才领先战略"系列丛书的出版，能够真正帮助中国企业家提高人才管理能力，坚定人才投入的决心，成就企业的伟大愿景。

是为序。

90%的企业都需要战略聚焦

李祖滨　德锐咨询董事长

⇨ 战略不聚焦的 3 种情况

在我过去 20 年接触的数千家企业中，几乎很少见到哪家企业在战略上因为过于聚焦、所涉足的领域或行业过窄而影响企业的发展，也很少见到哪家企业需要第三方咨询机构帮助他们实施多元化战略。与之相反，我们遇到过的 90% 以上的企业都存在战略不聚焦的问题，这些战略不聚焦的企业分 3 种情况。

第一种不聚焦：不知道自己的战略不聚焦，误以为与核心业务是同一产业链。这些企业把只要有关联的业务就视为同一产业链，误以为自己是在构建一个完整的产业链，实际上已经涉足多个产业链，甚至是非相关的多元化了。这样的多产业链的扩张一直没有带来协同效益，而企业自己却将原因归结为产业链不够健全，还试图继续投入，最终陷入难以自拔的泥潭。

第二种不聚焦：知道自己的战略不聚焦，但并没有认识到其危害的严重性。这些企业已经意识到多元化战略并不是长久之计，但觉得只要有销售额就行，经营还能保本，或者觉得亏得不算多，并没有意识到战略和业务的分散正在削弱其核心竞争力，也没有意识到多元化经营对企业的长期发展所带来的威胁。

第三种不聚焦：知道自己的战略不聚焦，但没有决心割舍。这些企业已经意识到多元化走不通，想要重新聚焦核心主业，打算剥离非核心业务，但是出于种种原因，如不愿面对人员安置、各种关系处理等问题，没有及时采取行动。

企业战略的不聚焦实际上造成了对核心业务上的精力、资金、人员、物质的资源消耗，影响了核心业务占领制高点，走向区域领先、行业领先等发展机会，甚至影响了企业整体利润的增长，甚至导致业绩下滑。

令人遗憾的是，企业的种种负面表征并没有引起企业家和企业的重视。我们分析其原因发现，这些企业仍然拥有在过去"增量经济"时代下的思维，认为中国还处于经济发展的黄金 30 年，认为大环境下的经济还在持续增长，认为赚钱还像过去一样简单，只要胆大勤奋，跑马圈地就能够成功。这部分企业没有认识到外部经济环境的深刻变化，没有认识到企业生存的环境正在恶化，没有认识到当前经营的难度正在加大，对于战略上的多元化问题，视而不见，掉以轻心，甚至把企业推向破产倒闭的边缘。

⇨ 战略聚焦不仅是业务聚焦

2014 年任正非提出了坚持主航道的"针尖战略"。针尖战略利用了物理学上的压强原理，即在同样作用力的情况下，面积越小，压强越大。在物理世界里，水和空气是最温柔的东西，而高压水枪、火箭升空的原理，则是通过把水和空气汇集起来，聚焦于一个小孔再通过高压，释放出巨大的能量，最终水枪能够切割钢板，火箭也能飞至遥远的太空。华为认为自己是一家能力有限的企业，只能在有限的宽度内赶超西方企业。若不收窄作用面，压强就不会增大，就不可能有所突破。华为几乎将大部分的精力聚焦在主航道上，也正是如此才成就了今天的华为。

那企业如何真正推行"针尖战略"？当前无论是专做战略的咨询机构，还是有战略模块的咨询公司，抑或是企业的战略管理部门，对战略聚焦的思考基本上仍然停留在业务聚焦上。然而仅仅做到业务聚焦并不一定能解决盲目多元化所带来的问题，也不能全方位抵御威胁，更无法发挥出战略聚焦的优势。企业家和企业应该找到业务聚焦背后更深层次的原因。德锐咨询对此进行了深入的研究，并提出了战略聚焦的 6 个方面，形成了针尖战略运行体系——从企业的愿景聚焦、业务聚焦、优势聚焦、组织聚焦、人才聚焦和企业家精力聚焦 6 个方面，彻底地、完整地、深层次地、系统地解决企业战略聚焦的问题。

愿景不聚焦，战略难聚焦

战略不聚焦表面上是业务不聚焦，但其深层次的原因是企业的愿景不聚焦。企业的愿景不聚焦，想做的事情就多了，业务就散了，资源就被消耗掉了。一家企业在一个方面想要成为领先者，已经相当不容易了，而想要成为多元化、多领域内的领跑者，简直是天方夜谭。

我曾遇到的一家企业，竟然同时拥有 3 个愿景，然而这家企业的经济规模只有 2 亿～3 亿元。想要成为其中一个领域的领跑者，尚且还有相当一段距离，如果要做到在 3 个领域内都成为领跑者，更是难上加难。这种愿景上的不聚焦，实际上是由企业家和管理者的三心二意造成的。企业家即使真的拥有三头六臂，带领的高管团队能力出众，也很难实现 3 个愿景。还有很多企业没有把愿景聚焦当回事，甚至没有把愿景当回事，把愿景当作墙上的装饰物，当成形式和口号，而没有意识到愿景才是战略和业务的源头。愿景不聚焦，必然导致业务不聚焦。

战略聚焦需要优势聚焦

当为企业做飞轮研讨的时候，我们发现，很多企业并不懂得优势聚焦，有部分企业甚至不了解自己的优势。当我们让企业的管理者写出企业的优势的时候，只有少部分企业的管理者能够给出统一认同的企业优势。当一家企业的优势不明确的时候，企业的战略举措、工作目标、工作任务、工作计划就难以聚焦。一家企业的工作重心是什么？是要做正确的事，而正确的事就是发挥企业优势的事。不断做自己擅长的事，企业才能形成自己强大的优势飞轮，才能够在外部严峻的市场竞争当中，形成聚力势能，突出重围，用优势取胜。通过吉姆·柯林斯的飞轮效应工具，能够帮助企业提炼优势、打造优势，让企业用优势竞争。做到企业的优势聚焦是战略聚焦中必不可少的一环。

➡ 战略聚焦离不开组织聚焦

战略聚焦离不开组织聚焦,很多企业没有意识到组织聚焦的重要性。我们经常遇到一些企业喜欢搞异地经营,规模是扩大了,但利润没有显著提升。这是因为企业忽视了异地管理的难度。如果企业在领导力、忠诚度、业务能力等方面都差强人意的情况下就盲目扩张,匆忙开设异地公司,很可能出现企业本部经营情况还可以,但多数异地公司无法盈利的问题。这类问题出现的原因是组织还没有强大到拥有异地管理的能力,也没有能够实现独立管理的领导人才。

除了异地管理的问题,很多企业在进行组织设计时,只强调分工和独立核算,不强调协同,导致组织分工越来越细,部门越来越多,组织内部的各个部门和职能相互割裂,很难协同。此外,受过度"承包"思想的影响,很多企业在设定高管的激励机制时,只将高管的大部分奖金收入与其分管领域的业绩挂钩,而没有与企业整体目标的达成挂钩。这样做的后果是,很可能造成高管只顾局部利益,不顾整体利益和长远利益,从而导致组织割裂,难以形成凝聚力,最终导致组织不聚焦。

➡ 战略聚焦要以人才聚焦为支撑

德锐咨询一直强调"先人后事"的管理理念,但是很多企业没有意识到人才聚焦对战略聚焦的重要性。很多企业遇到困境、没有利润,都会将其归结为资金出了问题,或是技术不领先,但这些问题归根结底都是人才不聚焦造成的。人才本就有限,正是因为开设的业务线过多,才造成了企业内人才的失衡。一些企业想要做大做强核心业务,就需要确保其在管理、研发、销售、生产、技术等关键岗位上的人才储备要做到区域领先、行业领先,这需要强有力的人才招聘、培养和激励等后台职能的支撑。在核心业务尚缺乏人才的情况下,让优秀的人才去新的业务板块,只能让本就人才不足的核心业务继续恶化。

一支部队只有 2000 人,最多能够攻打一个城市。但是这支部队立下了攻打 5 个城市的目标,导致兵力分散,在 5 个城市的进攻上都不具优势,最终 5 路皆输。相反，另外一支部队也只有 2000 人，但是他们所制定的战略是集中力量攻打一个城市。正是把所有的人才都聚焦在一个战场上，大家朝着一致的方向和目标奋勇进攻，最终才能获得胜利。这样简单的比喻大家都明白，但是企业在实际的经营中，在开辟新的业务领域时，往往没有意识到这就是在开辟新的战场，如果在人才储备上没有像在战场上那样进行储备，忽略了人才聚焦，就会导致在商场上的失败。

企业家精力聚焦，战略才能聚焦

企业家在创立企业之初，大多数都有对事业的追求，有情怀有抱负。但是这些情怀和抱负没有形成愿景和使命，没有成为企业家心中永恒的定力。在企业的发展过程中，企业家经常会受到 3 种诱惑。

一是想当"富豪"，相互攀比游艇、私人飞机、私人财富排名时，他们的追求就已经变成提升富豪榜排名。这些企业家在一味追求财富的时候，很可能越过法律红线，丧失底线，最后落得财富、名誉尽失的下场。

二是想当"好人"，对企业里跟不上发展的人、不合适的人，迟迟不做调整和优化。虽然最终他们博得了"仁慈"的好名声，成为员工口中的"好老板"，却错失了成为优秀企业家的机会。他们当了"好人"，却守不住企业。

三是想当"帝王"，当企业利润提高时，就虚荣心膨胀，做起了"帝王梦"。一味追求规模而不重视人效的提升，导致组织管理方向的扭曲。

这些与企业家精神相悖的干扰，让一家企业家难以守住企业的愿景和使命。当企业家被"富豪""好人""帝王"这些角色牵引和诱惑时，就偏离了愿景，造成企业家的精力很难聚焦在企业内部的经营管理上，进而造成企业的战略和业务不聚焦。

针尖战略模型

通过研究那些在聚焦战略上获得成功的企业，分析它们的实战经验，我们发现，这些企业聚焦的力量不仅体现在业务的聚焦上，还体现在驱动业务的组织能力的聚焦上。业务的聚焦决定了企业前进的方向，而组织能力的聚焦则决定了企业前进的速度。基于此，我们提出针尖战略六要素，包括愿景聚焦、业务聚焦、优势聚焦、组织聚焦、人才聚焦，以及企业家精力聚焦（见图 0-1）。

图 0-1　针尖战略模型

愿景聚焦：企业首先要树立正确的愿景观，并围绕该愿景观进行清晰而具体的描述，包括行业领域、区域范围、实现时间、影响程度和实现标志，最后形成的愿景要在企业进行公示。

业务聚焦：企业要基于愿景的实现而剥离、砍掉与愿景不相符的业务，识别核心业务，并在核心业务上持续发力。

优势聚焦：企业需要对自身核心优势有清晰的认知和恒定的坚持。企业要打造出自己的优势，在市场竞争中取得"一剑封喉"的优势，并把优势做到无人能及的程度。

组织聚焦：组织的使命是承接和落地战略，组织的效率决定了战略实现的效率，组织聚焦的要义是要做紧做精，保证组织的精简高效。

人才聚焦：提前做好对人才的储备、提升优秀人才密度、加大对优秀人才的激励，保证组织优秀人才的高密度、高成长性和高驱动力。

企业家精力聚焦：企业家的精力是战略资源，精力在哪儿，战略就在哪儿，要想实现战略聚焦，企业家精力一定要聚焦。

⇨ 针尖战略势在必行

华为一直是德锐咨询学习的标杆，德锐咨询在南京的办公楼就在华为路上，从德锐咨询的 7 楼和 15 楼办公室向外看去能够直接看到华为南京研究所。

华为在战略上没有出现过重大迁移，几十年如一日，坚定不移只对准通信领域这个城墙口冲锋，聚焦主业，基于此华为走在了中国甚至世界的前列。即使在中美贸易战之下有多元倾向，但任正非很快又提出了要聚焦主航道业务。

龙湖是另一个战略聚焦的典范。创立初期，龙湖就提出了聚焦于地产板块下的住房地产、商业地产和物业管理，保证三项业务的紧密联动。26 年来龙湖始终坚持在地产领域发展，并做到了业内领先。即使近年来房地产行业处于低迷期，又受到疫情波及，但在逆境中，龙湖连续 7 年保持"三道红线"绿档，聚焦产品力提升和高质量交付，展现出龙湖穿越市场周期的强大能力。为了应对未来更多不确定性的因素，龙湖更是提出未来更加要聚焦主航道业务，在自己的核心优势上持续发力。

沃尔玛能够成为《财富》世界 500 强企业，同样离不开它的战略聚焦。沃尔玛坚持在零售业内形成比较竞争优势，最终成为行业内的领跑者。虽然沃尔玛有物流车队、加油站、银行、贸易等细分业务板块，但是所有板块都只为零售服务这一核心业务提供支撑。所以沃尔玛看似有多元化的业务，实际上都是以支持其成为最优秀的零售企业为出发点而设立的关联性业务。

针尖战略帮助华为走过寒冬、战略聚焦助力龙湖对抗逆境、沃尔玛通过战略聚焦成为《财富》世界 500 强企业。纵观国内外优秀企业的发展史，正是因为战略聚焦，集中精力主攻某一个领域，才让这些企业走出困境，走向世界，成为行业内的领先者。

⇨ 我们为什么要写《针尖战略》

很多企业经常找我们做绩效管理咨询，但当我们对企业进行全面诊断的时候发现，很多企业绩效管理问题的症结在于战略不聚焦。战略不聚焦，就好像勤奋的人走向了错误的方向，所以即便他们再努力、再坚持，也无法驾驶着企业之舟，抵达愿景彼岸。所以为了让更多企业提升人效，我们希望本书可以帮助企业找到自己的战略聚焦之路。本书将德锐咨询的实践经验与国内外知名企业的实战经验相结合，凝练出了系统的、可落地的战略聚焦方案，帮助企业在更好地制定战略的同时，进一步强化企业家对愿景的定位。此外，本书的出版将进一步丰富德锐咨询的人力资源领先战略，意味着我们从人力资源专业领域走向了战略的领域，标志着人力资源视角和战略经营视角相结合，能够从更深层次解决企业战略和组织的生存问题。

总之，德锐咨询撰写本书的意义在于：

第一，强调存量经济环境下的中国企业要想活下去，并获得持续发展，战略聚焦势在必行。

第二，从愿景、业务、优势、组织、人才和企业家精力 6 个方面，为企业提供全方位的战略聚焦系统方法。

真诚感谢

在过去 10 多年里，我们一直致力于人力资源管理领域，本书的出版象征着我们对人力资源领先战略理论的研究深入到了战略视角，进一步完善了整个理论体系。我们将拥有更多的方法和工具，助力企业从优秀走向卓越，实现又一大跨越。

对于一个领域的系统研发，离不开整个写书团队，感谢公司的合伙人孙克华、牛建刚，感谢我们的项目经理焦静钰以及咨询顾问陈春雷、吴宇博、汪钱琦，他们奔赴每一个实战现场，为本书的撰写提供了宝贵的实战案例。在写书过程中，我们的团队成员共创共思，有着极强的内驱力以及使命感，经常奋战至深夜，反复修改、斟酌用词，尽全力保证书籍内容的至臻呈现。

感谢和我们一起成长的客户。一本实用型的书籍，必然是建立在实战经验和真实案例的基础之上的，这离不开众多客户给予的支持。在追求卓越的道路上，感谢所有客户对我们的高标准、严要求，我们一路同行，共创未来。

未来，我们仍会对企业战略进行探索和研究，致力于不断完善人力资源领先战略，助力更多企业从优秀走向卓越，把中国的人力资源水平提升到世界领先水平。

目录

第一章

多元化时代的终结

任何情况都不会驱使我做出在能力范围圈以外的投资决策。

——巴菲特

20 世纪下半叶以来，多元化经营似乎成了一种潮流。但是，大部分企业没有因为多元化经营而建立新的竞争优势，反而使企业在原行业的地位和优势受到了影响，甚至走向衰落和失败。

⇨ 巨头的多元化之殇

断尾求生也阻挡不了通用电气的衰落

在 20 世纪 80 年代，杰克·韦尔奇成为通用电气（General Electric Company，GE）的首席执行官后，GE 逐步走向了多元化的巅峰，每年都有数百起交易不菲的收购案，仅 1985—2000 年，在 GE 9.9%的年均增长中，就有 4%的增长来自并购交易。

自 2008 年世界金融危机爆发后，GE 的商业帝国受到重创，依靠美国政府提供的 1390 亿美元贷款担保才得以渡过难关。自此之后，GE 进行了一系列业务瘦身计划，不断将分支业务拆分或售卖，金融业务、家电业务、油田业务、医疗设备业务、塑料业务纷纷被剥离出母公司，但在能源领域还在不断收购相关业务。

由于各项业务之间太过分散，战略方向模糊，以及各种"拆东墙补西墙"的做法，反而加重了 GE 的危机，并没有扭转其下滑的颓势。2015 年之后，GE 不得不继续开展瘦身计划，只聚焦可再生能源、电力和航空三大业务。

2021 年 11 月 9 日，GE 发布公告，将 GE 拆分为航空、医疗及可再生能源与电力 3 个公司，许多人认为"GE 的拆分是多元化时代的终结"。

被高额债务重击的苏宁和雨润

2011 年，苏宁发布了未来 10 年的发展规划，提出了"先开枪，后瞄准"的扩张模式——除了零售主业，还包括金融、置业、文创、体育、物流和科技产业。2015—2019 年，苏宁花费了 700 多亿元投资与主业无关的企业，而自己本该大力扶持的电商企业——苏宁易购却并没有受到重视。然而，在 2021 年，苏宁上市股东的净利润亏损高达 433 亿元。苏宁遇到了多元化陷阱的问题，盲目进行多元化扩展，在新的领域没有成熟的经营战略，多项业务之间也未能产生协同效应，无法产生"1+1>2"的效果，且苏宁自身造血能力不足，反而造成了大量资金被占用。最为致命的是，苏宁放弃了主营业务的核心优势，忽视了对自己最为擅长的零售业务的投入，导致其原有市场被后来者分割。这种与主业无关联的多元化业务彻底拖累了一家本来发展前景不错的企业。

2021 年 2 月，雨润向南京市中级人民法院正式提交申请，请求将雨润肉类集团等 77 家企业并入重整案中合并重整。2021 年 12 月 31 日，雨润重整方案获得债权人表决通过，并获得南京市中级人民法院的裁定批准。从"养猪大王"到"负债千亿"，其核心原因在于，雨润的盲目多元化，除了猪肉制品、屠宰业务，雨润还布局了物流、房地产、金融和建筑等其他业务。雨润财务资源配置金融化不仅影响了企业的盈利能力，使母公司雨润食品连年亏损。同时由于其投资大量虚拟经济但并没有带来好的效益，造成雨润背负高额债务。多元化战略导致食品主营业务得不到足够的资金支持，尤其是在产品研发上的投入远低于同行业的双汇，从而失去了核心竞争力。

▣ 企业增长的迷思

改革开放 40 多年，中国这片热土孕育了千千万万的企业，每年会有很多新的企业诞生，也会有很多老的经营不善的企业倒闭，新老交替生生不息。很多学者和企业家都希望探究让企业更好地发展的秘密。经过长期的研究，我们发现，中国企业的业绩增长很多时候存在着一些悖论和迷思。

迷思一：只求规模，大而不强

乘着改革开放的东风，中国企业过去 40 年迎来了高速发展期，巨大的市场机遇造就了很多优秀企业。在这个阶段，"规模崇拜现象"大行其道。很多中国企业的发展模式就是"大干快上""追求规模"，它们也确实因为这种发展模式成为所谓的"中国 100 强""世界 500 强"企业。但我们看到的不止于此，很多企业在这个阶段单纯追求规模增长，如为了实现销售额、总资产的增加，不惜通过无序的多元化业务铺摊子，利用高负债、高杠杆进行产能扩大、兼并收购。它们可能认为只要把企业的业务规模做大，资产规模提升，就能成为优秀的企业，就能实现基业长青、大而不倒。但事实上，很多的专家学者研究发现，中国企业过于关注业务（数量）规模，忽略了企业发展质量的提升，以及内部组织能力的提升，这导致很多中国企业人效低、利润低、投资回报率低。

《财富》世界 500 强榜单喜忧参半

2022 年《财富》世界 500 强榜单中，中国（含香港）企业数量达到 136 家，加上台湾地区企业，中国共有 145 家企业上榜，位居各国之首。美国今年共计 124 家企业上榜。中国（含香港）企业的平均营业收入、平均总资产和平均净资产均超过《财富》世界 500 强的平均水平。

但是，中国的 145 家上榜企业的平均利润约为 41 亿美元，虽然与自身相比有所提升，却低于《财富》世界 500 强的 62 亿美元平均利润。同时，中国的上榜企业平均销售收益率、总资产收益率、净资产收益率这 3 个指标都落后于《财富》世界 500 强的平均水平。

表 1-1　2022 年《财富》世界 500 强前十营收排名和利润排名对比

营收排名	企业名称	营收（百万美元）	利润（百万美元）	利润率	利润排名	国家
1	沃尔玛	572 754.0	13 673.0	2.4%	5	美国
2	亚马逊	469 822.0	33 364.0	7.1%	3	美国
3	国家电网有限公司	460 616.9	7 137.8	1.5%	9	中国
4	中国石油天然气集团有限公司	411 692.9	9 637.5	2.3%	6	中国

（续表）

营收排名	企业名称	营收（百万美元）	利润（百万美元）	利润率	利润排名	国家
5	中国石油化工集团有限公司	401 313.5	8 316.1	2.1%	7	中国
6	沙特阿美公司	400 399.1	105 369.1	26.3%	1	沙特阿拉伯
7	苹果公司	365 817.0	94 680.0	25.9%	2	美国
8	大众公司	295 819.8	18 186.6	6.1%	4	德国
9	中国建筑集团有限公司	293 712.4	4 443.8	1.5%	10	中国
10	CVSHealth 公司	292 111.0	7 910.0	2.7%	8	美国

资料来源：财富中文网。

《从大到伟大》一书中讲到伟大的企业有 3 个特征。

一是规模大，即具有足够的体量，对行业乃至全球经济具有显著影响力。

二是效益好，即不断创造不俗业绩并保持行业领先地位。

三是可持续，能够经历市场变幻、风吹雨打，做到基业长青，积累长盛不衰的国际名声。

中国企业大部分还很难称得上伟大，所以在遇到强有力的竞争对手时，若对方既有规模，又有品质，还有强有力的人才队伍和组织能力，那么中国企业可能会在竞争中处于劣势。很多企业大而不强，重要的原因是，这些企业没有构筑自己的核心能力，面对激烈的市场竞争，优势不存。

迷思二：过早开启第二曲线

伊查克·爱迪思的企业生命周期理论和查尔斯·汉迪的第二曲线理论的流行，让很多企业家找到了开展多元化业务的理论依据，美其名曰"延长生命、主动转型"。理论没有问题，企业家的想法和初衷也没有问题，因为企业发展到一定程度和规模，确实需要应外部环境的变化和内部发展的要求主动进行转型，以延长企业的生命力，提升组织活力。就像华为的任正非说的："企业的历史规律就是死亡，而我们的责任是要延长它的生命。"但经过我们的研究发现，很多中国企业并没有深入研究企业生命周期理论和第二曲线理论所表达的含义和实施原则。很多企业在转型升级时过早开始启动第二曲线，使得绝大多数的转型升级并不成功，甚至因为转型的不合理导致企业陷入困境。

第二曲线理论告诉我们，企业第二曲线开始启动的点应该是靠近原有业务增长的顶峰——"极限点"（见图 1-1），但又未到之时，我们可以将其称为"变革点1"，原因有两个。

（1）原有主业已然壮大和成熟，并积累了足够的竞争优势和壁垒，企业也有足够的资源和时间投入到第二曲线业务的发展过程中，这样新业务的成功率更高。

（2）原有主业虽已接近顶峰，但还有一段增长期，这样会给第二曲线业务的发展留下宽松的发展时间，同时也能对冲一部分第二曲线业务给企业带来的业绩下滑。

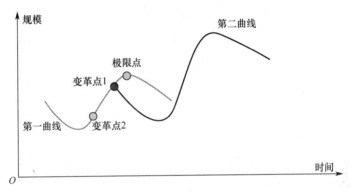

图 1-1　第二曲线启动时机

哈佛大学颠覆式创新之父克里斯坦森曾提出让企业长寿的两种方法。

第一，尽量延长第一曲线的生命，不要过早地把自己原有的主营业务干掉。

第二，在第一曲线到达顶点之前，就要开启独立的第二曲线业务探索。

但我们的研究发现，很多中国企业的第二曲线启动时间主要在"变革点2"处，过早地启动第二曲线导致很多企业原有主业的核心能力和竞争壁垒未能建立，而且这些企业本身的竞争力不足、主业未稳。同时，在自身资源比较有限的情况下，还要在多个业务板块上进行均摊式的分配，严重影响原有主业的资源投入，无法形成主业的资源优势并获得足够的投入。主业发展不起来，进而也会造成每块业务都发展不好的现象。

企业家开拓第二曲线的目的是增强企业实力，但错误的转型手法反而加剧了整个企业的经营风险，确实非常可惜。

所以要在正确的时间点去做正确的事，这样才能事半功倍。

迷思三：鸡蛋放在太多篮子里

很多人都听过托宾的名言："鸡蛋不要放在一个篮子里。"意思是：不要把所有的资本都投到一件事情上，应该做多手准备。这样万一这个篮子的鸡蛋被打破了，也会有别的篮子的鸡蛋留存。主要是告诫人们进行投资活动时不要孤注一掷，要多留几条后路，这样能够分散风险，不至于一着不慎，满盘皆输。中国企业家可能对此深有体会，所以非常喜欢在企业业务的布局和拓展上遍地开花，广泛涉猎。原因一方面确实是外部的市场机会特别多，另一方面也是有分散经营风险的考量。但就像很多名言那样，重要的往往在后半句，托宾还说，"但是也不要放在太多篮子里"。但是中国企业家没有听进去，所以在第二、第三乃至第四、第五曲线的选择上非常草率，导致"埋雷"过多，给企业造成了很大的经营风险。

优秀企业并不是不进行多元化业务布局，只不过它们的多元化布局是有明确的路径和方向的——**基于核心优势和主业进行相关多元化**。这种相关多元化既借助了原核心主业的技术、客户关系和手段，同时又增强了原核心业务的实力，共同构筑了强大的竞争壁垒和产品矩阵，进而提升了企业的竞争力和人效。克里斯·祖克将这种多元化的方式称为"相邻扩张"，他认为"这种有序的扩张从根本上重新定义了企业核心业务的边界，通过增加新的经营能力从而获得自我增长的机会"。正如巴菲特将自己集中投资的股票限制在10只左右，他也曾明确表明自己的选股态度："我不会同时投资50或70家企业，我喜欢以适当的资金规模集中投资于少数几家企业。"

➡ 经济繁荣时期也是企业多元化盛行的时期

在对第二次世界大战后美国GDP及其增长率、通货膨胀率等宏观经济指标进行统计后，我们发现，美国GDP等经济数据相对较好的经济繁荣时期，与美国企业并购浪潮出现的时间比较一致。简单来说，经济繁荣时期也是企业多元化盛行的时期，这种多元化盛行的状况常常在经济萧条到来之前结束。

第一次世界大战后，战前用于生产军用及民用物资的设备出现了大量的闲置，为了充分利用这些设备，当时的美国企业开始扩大生产、开发新市场。这场多元化热潮也因为 20 世纪 20 年代的全球经济大萧条而停止。

第二次世界大战后，欧亚战争国急需物资重建，各国迎来了相对稳定的经济发展时期。随着第三次技术革命的兴起，美国将大量军用技术转为民用，这一时期美国经济繁荣发展，出现了大规模的多元化热潮。

而到了 20 世纪 70 年代，受"美苏冷战"和石油危机、能源危机的影响，世界经济处于经常波动的状态，美国经济进入"滞涨"状态。在当时特殊的背景下，美国企业的多元化趋势下降。

20 世纪 80 年代，"里根经济学"使得 80 年代初的美国经济回暖，"第五次并购浪潮"兴起，多元化再现。

20 世纪 90 年代，一方面，由于企业过度扩张带来的负面效应，如混合兼并的大量失败案例，混合企业利润率的不断下降等现象，西方世界开始注重业务的相关性、资格的共享性以及有利于企业长期发展的核心能力的培养和利用；另一方面，全球化兴起，由于企业对于海外市场比较陌生，且企业竞争的全球化加剧，企业也面临着国际化的巨大风险。所以美国企业的多元化开始转向"归核化"。企业回归其熟悉的主营业务，有利于降低这些国际化的风险，实现业务间的协同效应，获取竞争优势，消除广泛、多元化的弊端。

综上所述，外部宏观经济的向好在以下几个方面促使企业开展多元化业务。

首先，经济繁荣时期各行业普遍发展，有很好的市场机会，尤其是某些产业出现高利润和飞速发展，吸引企业进入。

其次，经济繁荣时期，企业的经营状况良好，获利丰厚，并且比较容易融资，同时人才流动频繁，增强了企业进入新行业的实力，提高了企业承受多元化经营失败的能力。

最后，经济繁荣时期，企业经营者对于整体经济与行业发展前景持乐观态度，激发了他们的冒险精神，使他们敢于大胆开拓，进入新行业。

⇨ 多元化成功的条件已经离我们远去

著名经济学家陈志武教授就曾表示：在中国流行的企业文化就是，稍微一成功就什么都想做。改革开放前 30 年，中国蓬勃的经济发展给商业嗅觉敏锐的企业家提供了很多赚钱机会，企业家通过多元化抓住了市场红利和改革红利，很多企业赚取利润的同时获得快速发展。但在 2008 年世界金融危机爆发以后，特别是中国经济发展进入存量经济时期后，被大势红利惯坏的企业家依然认为"遍地是黄金"。或者因为过去多元化的成功让他们以为"自己什么都能干"，靠着原来的成功模式未来依然会成功，从而盲目开启不节制的多元化，让企业生存风险加大，抵御风险的能力降低。很多企业因为盲目多元化扩张、不收敛，最终走向更大的深渊。前述 GE 和中国的企业，以及前述未提及的新光、盾安、方正等企业就是一个个鲜活的例子。

而我们研究发现，其实在中国广泛多元化的基础已然不复存在了。

但进入 2008 年之后，中国经济发展环境的以下 4 个特征越发明显，所以对大多数中国企业而言，中国多元化时代已经终结。

1. 经济增速放缓

自 2008 年后，中国经济增长速度总体放缓，随着中国迈过中等收入陷阱，根据发达国家的经验来看，中国未来的经济发展速度必然进入低速增长时代。据权威经济专家预测，中国经济增速大概率长期保持在 3%～5%。过去的 GDP 高增速时代难以复制。低速增长意味着外部市场机会的减少，像改革开放前 30 年那样有大量的市场空白需要填补，有大量的市场机会可以捕获，有大量的市场资源可以利用的时代已不可能出现。企业试图依赖多元化获得高速增长的难度显著提升。

2. 市场竞争加剧

随着中国经济进入低速增长时期，知名经济学家许小年认为，中国企业面临的最大挑战是，市场环境从增量市场转向存量市场。增量市场存在大量的市场空间和机遇，而存量市场下市场增长空间有限，市场参与者要想获得更多的市场份额，就需要不断提升自身竞争力去抢夺别人的市场份额，所以各企业必将迎来更加激烈的市场竞争。而且，许小年指出，"过去那种只会通过扩大规模和控制成本的方式获得利润的企业已经很难活下去。企业要依靠创新和专注自身优势去转型。但中国的许多企业还没有学会如何在存量市场中通过内生式增长、研发创新寻求生存与发展。因此学会在存量市场生存与发展才是关键"。所以企业未来更应该聚焦自己的核心主业，不断提升自己的核心竞争力，才能赢得足够的市场生存空间。如果企业贸然开展多元化业务，进入一些自己没有核心竞争力的领域，很可能就是在浪费资源和找死。

3. 环境不确定性变大

这个时代最大的特征就是 VUCA〔V 指不稳定性（Volatility），U 指不确定性（Uncertainty），C 指复杂性（Complexity），A 指模糊性（Ambiguity）〕，新冠疫情的暴发、中美贸易战的持续、英国的脱欧、俄乌战争等无一不证明着这一特征。面对越来越不确定的环境，企业组织往往是不稳定的、危险的，不能及时变革。当外部环境越来越不稳定，过去的成功经验越来越不可借鉴，未来的趋势也越来越不可预测时，企业发展面临的风险却是越来越大的。在这样巨大的不确定性之下，企业更应该做的是聚焦自己的核心优势去稳健经营和发展。陌生的领域尽量不碰，高风险的业务尽量不做，没有前景的业务板块要尽快切割。最大程度地进行资源集中，一方面是为了保存实力对抗不确定的外部风险，另一方面也是为了集中资源将其投入在相对确定和更有前景的市场上，这样更能够走向未来。

4. 政策导向"专精特新"

为应对新的国际竞争态势，2021 年 7 月，中国政府提出加快解决"卡脖子"难题，发展"专精特新"中小企业的倡议，并出台各类政策大力扶持"专精特新"企业的发展。而北交所的成立也为"专精特新"企业更好地获得资本支持打通了渠道。投资机构和资本市场也闻风而动，加大了对这类企业的关注和支持力度。国内外资本市场的现实也是，专业聚焦、主业清晰的企业的市场估值更高，更被投资者青睐。所以，无论从国策和国家倡议的方向，还是从市场的机遇和选择来讲，未来企业走多元化的压力将会越来越大。除了大型企业在原有业务遇到增长瓶颈下的主动转型，众多企业的多元化之路会越来越窄。

⏩ 战略聚焦：新时代企业的唯一选择

正是因为中国经济发展环境的四大特征，所以新时代的中国企业，特别是中小企业在战略上的唯一选择就是——聚焦，实施针尖战略。

唯有聚焦，才能享有管理红利。

在这个 VUCA 时代，在这个外部市场红利减少的环境下，对于很多企业来说，需要释放管理红利，而管理提升可以释放的红利也被很多管理者称为下一个"金矿"。原先很多中国企业的发展模式导致企业家基本不关注内部管理，管理的手段比较粗放。铺摊子、求规模的发展模式决定了很多企业在资源的配置上比较粗放，本就不够强大的人才队伍因为业务多元化也被稀释，而企业家也因为四处出击而导致其精力相对分散。我们认为在这个时代，企业家和管理者更要聚焦，通过资源、人才，特别是企业家精力的聚焦，狠抓内部管理，提质增效。唯有聚焦才能将管理问题做专做深，从而不断实现内部管理问题的一个个解决，实现管理效率的不断升级迭代，从而充分释放企业内部管理的红利。

唯有聚焦，才能打造无人能敌的核心竞争力。

核心竞争力是一家企业能够长期获得竞争优势的能力，是企业所特有的、能够经得起时间考验的、具有延展性，并且是竞争对手难以模仿的技术或能力。一般来讲，企业的核心竞争力具有让竞争对手难以越过的竞争壁垒，企业可凭借其核心竞争力获得长期的竞争优势。所以在商业竞争当中，任何企业都要找到并不断强化自己的核心竞争力，这样才能立于不败之地。而核心竞争力又由资源和能力构成。资源是企业自身拥有或可以获取并用以提供竞争力基础的资产，包括内部资源和外部资源。能力是企业在培育和提升竞争力过程中，有效配置及使用资源，促进和管理技术及组织变化的技能。从中可以看出，**核心竞争力的核心和前提都是资源的利用。**

企业聚焦的目的是，把自己所有的资源和力量凝聚到一个点上，要么不做，要么就在点上投入超强力量，从而形成局部优势，实现战略突破和领先。而这个点往往就是影响企业战略成功的关键，我们把它称为战略领域。华为是聚焦战略的坚定践行者，《华为基本法》的第二十三条指出："我们坚持'压强原则'，在成功的关键因素和选定的战略生长点上，以超过主要竞争对手的强度配置资源，要么不做，要做，就极大地集中人力、物力和财力，实现重点突破。"利用局部资源投入的不对称性打赢竞争之战，这种竞争方式对于资源不足的中小企业来说，尤为关键。

唯有聚焦，才能成为市场中最后的赢家。

《哈佛最受欢迎的营销课》的作者扬米·穆恩认为：要想赢得消费者的忠诚，不应在不足的方面追赶其他品牌，而要做相反的事情——加强优势，勇于做减法，不需要迎合所有消费者或者客户。聚焦也意味着放弃你的劣质客户，放弃你的低利润市场。聚焦之后，企业对自己的目标市场定位就会更加清晰、对目标客户画像的定义就会更加精准、对客户需求的洞察就会更加深刻。如此一来，企业对市场的反应就更加敏捷，更能找到市场的突破点，从而发力创新。一旦成功就能引爆市场，从而迅速打开市场空间，占据有利的市场地位。

第二章

针尖战略模型

> 我们坚持"压强原则",在成功的关键因素和选定的战略生长点上,以超过主要竞争对手的强度配置资源,要么不做,要做,就极大地集中人力、物力和财力,实现重点突破。
>
> ——《华为基本法》

定位之父艾·里斯曾说:"太阳是一种强能源,它以每小时数亿千瓦的能量照耀地球。但借助一顶遮阳帽子,你就可以沐浴在阳光下数小时而不被晒伤。激光是一种弱能源,聚焦一束激光只有几瓦,但是凭借这束光,你可以在钻石上打洞或者切割肿瘤。这就是聚焦的力量。"

聚焦战略是迈克尔·波特提出的三大竞争战略之一,强调企业要聚焦于某一类客户、产品或地区市场,企业的所有职能都要围绕着这一特定目标制定策略并落地执行。当企业在核心业务上足够聚焦,就能以更高的效率、更好的效果为某一狭窄的战略对象服务,从而超过在较广阔范围内竞争的对手,并具备更强的盈利能力。

而"针尖战略"的描述则来源于华为。所谓针尖战略,其实来源于物理学上的压强原理:同样作用力下,接触面积越小,压强越大。生活中也有很多这个原理的应用。古人云:"上善若水,水善利万物而不争。"绵长的涓涓流水包容万物,极尽温柔。但如果将水流增压到 200MPa 以上,再通过很小(一般大于 0.2mm)的喷嘴就会形成高速"水箭",这个高速"水箭"就能削穿木材、橡胶;如果在"水箭"里加入磨料,这支"水箭"就能削穿岩石、钢板。这就是高压水射流切割技术,俗称"水刀"。物理学上如此,企业的业务战略选择其实也同样适用于这个原理。华为之所以能够在通信行业取得世界领先的成绩,是因为其在几十年来一直聚焦主航道,采用压强原则,密集投入。正如任正非所说,"不收窄作用面,压强就不会大,就不可能有所突破"。

针尖战略六要素

人们对聚焦战略的研究大多数都围绕着业务聚焦,但我们纵观优秀企业的实践经验,那些在聚焦战略上获得成功的企业,其聚焦的力量不仅体现在业务上,还体现在驱动业务的组织能力的打造上。业务的聚焦决定了企业前进的方向,而组织能力的聚焦则决定了企业前进的速度。基于此,我们提出针尖战略六要素,包括:

(1)愿景聚焦;

(2)业务聚焦;

(3)优势聚焦;

(4)组织聚焦;

(5)人才聚焦;

(6)企业家精力聚焦。

唯有这 6 个方面都做到聚焦,才能打造企业强大的组织能力,让企业不断产生内生力量,使企业不论遇到何种外力的冲撞、阻碍和诱惑,都能坚守初心,坚定信念,敏捷地应对各种挑战,并最终将战略转化为现实。

第一,愿景聚焦是企业穿越迷雾的灯塔。强调"聚焦"的针尖战略实际上与人性贪多求大的本性相矛盾。当企业发展到一定阶段时,可能面临多元化发展的诱惑,也可能面临因困难和挑战而产生的战略摇摆问题。但是一旦企业创建了清晰的愿景和实现标志,那么在面临困境与诱惑时,就更有愿力和定力。而这愿力和定力就像大海中的灯塔,能引领企业这艘大船穿越迷雾,突出重围,重获新生。

第二,业务聚焦是战略聚焦的直接体现。将鸡蛋放在多个篮子里看似分散了风险,但是提着多个篮子走路反而不安全。业务聚焦是构建竞争优势、防范风险的必然选择。企业要基于愿景的实现识别核心业务,并在核心业务上持续发力。

第三,优势聚焦是战略实现的持续动力。基于企业自身优势,找到实现业务目标的商业逻辑，以此构建企业独一无二的优势飞轮，并让飞轮持续快速地转动，企业才能不断地强化优势，实现从优秀到卓越的跨越式发展。

第四，**组织聚焦让战略的实现更有效率**。战略是大脑，组织是骨骼、肌肉和神经。组织的使命是承接战略，让战略得以实现，而组织的精简、敏捷和高效决定了战略实现的高效率。

第五，**人才聚焦是驱动战略聚焦的关键**。集中优势兵力才能打胜仗，商场如战场。人力资源是企业的核心资源，人才聚焦就是要保证组织优秀人才的高密度、高成长性和高驱动力。

第六，**企业家精力聚焦是实现战略聚焦的前提**。企业家的精力是企业的战略资源，精力在哪里，战略就在哪里，要想实现战略聚焦，企业家精力一定要聚焦。

针尖战略要素一：愿景聚焦

愿景是由组织的领导者及组织的成员共同确立的，受组织的信念、价值观和宗旨等影响，是一种对组织在未来某个时间点想要实现的鼓舞人心的目标的描绘。愿景能够引导与激励组织成员聚焦于同一目标，在面对混沌状态或外部抗力时，让大家坚持明确的方向与路径。愿景也能激发个人潜能，促使员工提升能力，竭力达成目标。

优秀的企业都重视愿景的力量（见图 2-1）。这些愿景使企业的决策者和员工明白自己的使命和责任，同时让客户以及潜在客户了解企业的社会责任，从而增加其购买产品及服务的信心。

> **迪士尼的愿景：** 成为全球的超级娱乐公司。
> **华为的愿景：** 把数字世界带入每个人、每个家庭、每个组织，构建万物互联的智能世界。
> **格力的愿景：** 缔造全球领先的空调企业，成就格力百年的世界品牌。
> **沃尔玛的愿景：** 给普通百姓提供机会，使他们能与富人一样买到同样的东西。
> **阿里巴巴的愿景：** 成为一家活102年的好公司；到2036年，服务20亿位消费者，创造1亿个就业机会，帮助1000万家中小企业盈利。
> **微软的愿景：** 致力于提供使工作、学习、生活更加方便、丰富的个人电脑软件。
> ……

图 2-1 标杆企业的愿景（使命）

但有些企业在其经营发展过程中并未真正理解或重视愿景的价值和作用，要么没有树立愿景，要么在愿景的描述上不够清晰明确和聚焦，未能发挥愿景的引领作用，进而导致企业在战略和业务上的摇摆。

愿景不聚焦的 3 种表现

1. 没有愿景，走到哪儿算哪儿

有些企业的领导者认为愿景太过长远，尤其是在外部环境越来越具有不确定性的当下，根本没有必要对企业进行中长期的规划，先解决眼前活下去的问题才是关键。但实际上，越是在不确定的环境中，就越要通过**规划的确定性**来提高企业对抗不确定性风险的能力，愿景回答的是"企业因为什么而存在，以及要成为什么的"终极问题，愿景会在企业遇到困难时给出"该做什么，不该做什么"的坚定答案。没有愿景，企业只能受外部环境的牵制，丧失把控自身命运的主动权。

2. 有愿景，但不够清晰明确

有些企业认为愿景就是一种永远无法达到的美好愿望，在设计愿景的描述时，往往是一句空洞的口号，看似宏大靓丽，实则雾里看花，如图 2-2 所示。人们无法通过这样的愿景，识别这是一家什么样的企业，处于何种业务领域，未来要发展到什么程度，能够给社会创造什么价值等。这样的表达实际上浪费了愿景这一对外宣传企业、占领客户心智，对内鼓舞人心、统一行动的机会。

- 某食品企业的愿景（使命）：让人们享受快乐的生活。
- 某软件科技公司的愿景：成为世界领导者。
- 某化妆品销售公司的愿景：成为一家对社会有贡献的企业。

图 2-2 不清晰的愿景描述

愿景不够清晰甚至会让行业翘楚走向失败。经典的对比案例就是西尔斯和沃尔玛，前者是曾经的美国零售之王，后者是目前的《财富》世界 500 强之首。沃尔玛一直围绕着其愿景——"让世界上的所有人都能过上更好的生活"，坚持在零售行业深耕，不断给客户提供低价优质的服务，多年来始终保持《财富》世界 500 强头部的位置。但是西尔斯的愿景相对模糊——"跟上时代，着眼未来"，基于这样模糊的愿景，西尔斯在战略布局上也不断摇摆，不断在金融、房地产、零售行业之间调整定位，导致后起竞争者蚕食其已经占领的零售市场空间，最终陷入财务危机，申请破产。

3. 愿景太多，什么都想要

还有些企业，对未来的发展有各种畅想，尤其是走多元化道路的企业，为每个业务板块都设置了一个愿景，却忽略了作为"一个整体"的企业应该到达的目的地。可想而知，朝多个方向拉动同一驾马车，只会使马车行动迟缓甚至破裂。同一家企业在不同业务领域的愿景描述，如图2-3所示。

> "在……方面，我们要成为新能源驱动系统卓越的提供者。"
> "在……方面，我们要成为成就制造业盛世的企业。"
> "在……方面，实现制造因我们而简单的目标。"

图2-3 同一家企业在不同业务领域的愿景描述

德锐咨询也曾面临多个愿景的诱惑，业务范围涵盖管理咨询、管理商学院、数字化产品、行动学习等。但如果在各个方面都想做到行业第一，需要巨大的资源消耗，而且德锐咨询并不是在每个领域都具有核心优势。如果在培训或数字化产品方面做到行业翘楚，则需要更多的时间和资源的投入。然而在这个过程中，很可能就会让我们原有的核心优势——人力资源领先理念、高效方法和实战经验丧失发展机会。所以德锐咨询不断澄清愿景和使命，始终围绕着人力资源管理咨询这一核心领域：

德锐咨询的愿景：**2040年，成为最具影响力的人力资源管理咨询企业。**

德锐咨询的使命：**2040年，让中国人力资源管理领先世界。**

战略聚焦的首要任务是愿景聚焦

企业应该树立正确的愿景观，愿景不只是美好愿望，还是在某个时间点一定要达成的结果，企业要对这个结果进行清晰具体的描述和定义。

我们提出清晰的愿景包括5个要素：

（1）**行业领域；**

（2）**区域范围；**

（3）影响程度；

（4）实现时间；

（5）实现标志。

只有具象化的愿景才能指导企业聚焦主业，制定更有指向性和策略性的战略举措，让企业少走弯路。同时，具象化的愿景更容易在人们的脑海里形成激励人心的图画和场景，扣动员工向往美好的内心扳机，从而激发员工潜能，推动企业发展。清晰的愿景描述如图2-4所示。

> 某摄影公司的愿景：2027年，成为全球第1的摄影企业，全球前10的美学服务型公司，服务全球3亿位顾客。
> 某大型设备制造公司的愿景：2035年，成为中国最好的配混挤出方案提供商。
> 某汽车销售公司的愿景：2035年，成为中国最受信赖的和领先的汽车经销商。
> 某化妆品销售公司的愿景：2042年，成为中国美容服务行业的领跑者。

图2-4　清晰的愿景描述

🔄 针尖战略要素二：业务聚焦

业务不聚焦引发的博士伦公司的衰落

博士伦公司从 1853 年就开始在美国从事眼镜产品业务。到 1973 年，博士伦公司就成为眼镜产品和设备行业的领头羊。

在 20 世纪 70 年代中叶，博士伦公司购买了隐形眼镜的制造技术，成为眼镜行业的一大突破，引发了整个行业的竞争格局和市场规模的变革。在整个 20 世纪 80 年代中期，博士伦公司制定并实施了具有长远前景的战略，取得了较强的竞争优势，新镜片的市场份额一度提高到40%。

但是当竞争对手开始用新技术攻击博士伦公司的领导地位时，博士伦公司开始把它的注意力从核心业务转移开，把镜片和清洗液业务产生的现金投资于新领域，如电动牙刷、皮肤药膏和助听器，但是这些产品和核心的镜片业务之间并没有明显联系。最终，因为资源和管理注意力的分散，博士伦公司的隐形眼镜业务开始下滑。公司的股票价格暴跌，市场份额降到 16%。

在 1998 年，博士伦公司重申了公司使命——"世界的眼睛"。这表明公司重新回到了它原来的核心业务，并希望借此重新促进公司的发展和占领市场份额。但是以前的基础、时机和资金已经失去了，更重要的是，新的、更强大的竞争者已经牢牢站住了脚。

之后由于经营不善，债务高企，博士伦公司在 2007 年被一家私募股权公司收购。

2009 年，博士伦公司为解决质量诉讼案件花费了 2.5 亿美元，从此在隐形眼镜市场中的份额也日渐萎缩。

2013 年，博士伦公司再次被一家加拿大知名药企收购。目前的博士伦公司已经成为一家加拿大公司。

博士伦公司辉煌时曾经拥有的市场，现在已经被强生安视优、爱尔康、库博光学等新巨头占领。

资料来源：《回归核心》，克里斯·祖克，詹姆斯·艾伦著。

业务聚焦才能更快抢占先机

定位理论创始人杰克·特劳特强调品牌聚焦的重要性，他主张真正成功的品牌应该在消费者的心智中建立起独一无二的形象认知，而不是为了争抢市场盲目扩大，实施多元化经营。当企业成为行业领军者时，则更容易抢夺市场份额，也更容易吸引优质的合作者，从而构建有利于其持续而稳健发展的上下游生态系统。但如果企业只处于行业的中下等水平，即使有多项产业，即使抢占 1%的市场份额，都可能付出巨大的成本和代价。

贝恩咨询合伙人克里斯·祖克研究发现：78%的持续创造价值的企业都只具有单一的拥有强大市场领导地位的核心业务（见图 2-5）。87%的企业是在成熟市场中通过拥有比同行更高的效率而取得成功，只有 13%的企业是在新的领域，通过新技术、新模式，开辟蓝海、靠先发优势取得成功。而且，成为行业领先者，可以带来更高的利润。

《隐形冠军》一书总结了各个行业隐形冠军的特点，其中最为关键的就是业务聚焦，比如聚焦于酒店和餐饮业洗碗机业务的温特霍尔特公司，占到了全球市场份额的 15%～20%；莫迪维克是一家世界领先的热成型包装机制造公司，占有 60%的市场份额；杰里茨是世界上唯一一个生产大幅舞台幕布的厂家，占全球 100%的份额。这些隐形冠军通过深入一个狭窄的领域，并通过攻坚最难的技术占领先机，形成较高的行业壁垒让其他竞争者难以进入。同时，通过在所聚焦的领域进行纵深延展，比如提供系统性的解决方案，构建自给自足的稳健供应链，以及大力投入产品研发和设备自研不断强化聚焦领域的核心优势。

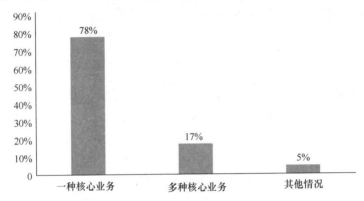

图 2-5　持续价值创造者统领的核心业务

资料来源：《回归核心》，克里斯·祖克，詹姆斯·艾伦著。

而德锐咨询的另一本著作——《人效冠军》中的研究发现，在选取的来自 12 个行业的人效冠军企业中，有 9 家企业的核心业务营收占比在 90%以上，如表 2-1 所示。

表 2-1　9 家企业的核心业务营收占比

序　　号	人 效 冠 军	核 心 业 务	营 收 占 比
1	招商银行	零售和批发金融业务	100%
2	恒瑞制药	医学药物	99.88%
3	迈瑞医疗	医疗器械	99.69%
4	华为	ICT 基础设施及智能终端	99.50%
5	森马服饰	服饰	99.35%
6	万华化学	精细化学品及新材料	97.53%
7	三一重工	工程机械	97.35%
8	海底捞	餐厅服务	97.2%
9	太阳纸业	浆和纸制品	95.77%

资料来源：《人效冠军》，李祖滨等著。

业务聚焦也能够帮助企业把控风险。业务越多元化、分散化，需要做的决策也就越多。决策越多，对能力的要求就越高。但实际上，企业的能力是有边界的，每家企业都有自己的擅长领域。当企业禁不住外部机会的诱惑而进行盲目的跨领域发展时，很可能触及甚至跨越自己的能力边界。这种情况下的决策，风险更大，更容易失控。而当企业专注于一个领域，找准自己的核心能力并持续发挥优势时，就能规避多产业经营的重大风险。

越来越多的企业开始重视业务聚焦

近年来，一些行业标杆企业越来越意识到业务聚焦的重要性，纷纷回归主业，剥离非核心业务，从而进一步夯实发展基础。

2018 年，国有控股上市公司宁波富达剥离非主营的房地产开发等业务，后续将持续聚焦最赚钱的水泥业务，帮助回笼资金，用于公司发展商业地产及其他优质业务，增强公司的可持续发展能力。

2020 年 7 月，海尔智家剥离了卡奥斯工业互联网平台。作为工业互联网领域首家独角兽公司，海尔卡奥斯当时的估值达到了 74.5 亿元。此举也是进一步聚焦智慧家庭主业的重要举措。

从 2017 年起，百度陆续剥离百度游戏、百度外卖等优质但非核心业务，重点聚焦于人工智能领域。这一举措使得百度的发展战略更加明确，组织管理更加清晰，优势资源更加集中，进而成功转型为提供人工智能技术服务的科技公司，抢占市场先机。

2018 年底，TCL 做出了重要的决议，以总金额 47.6 亿元的价格出售自身的家电产业、电子产业及相关配套业务等重大资产，聚焦发展快、利润高的半导体业务，保障企业经济收益的快速且可持续增长。

2022 年 6 月，国有独资公司中国电建完成全部房地产业务的剥离，集中精力发展新能源业务。此举在帮助中国电建进一步优化公司资产、完善公司产业结构、提高公司盈利水平和资产质量的同时，也避免了与控股股东电建集团之间的同业竞争。

2022 年 7 月，身处中国白酒市场制高点的贵州茅台集团将当时净资产 114.16 亿元且增长迅速的"君品习酒"业务彻底剥离。该举措有效解决了"茅台"与"君品习酒"的同行竞争问题，使得集团资源更加聚焦于茅台品牌的打造与运营，有助于企业治理的进一步规范。

虽然这些企业剥离的都是高价值业务，甚至代表未来趋势，可能在未来持续大幅度增值，但是这些企业仍然果断剥离，所体现出的是企业家从长远发展角度出发聚焦主业的战略思维。此外，剥离非核心业务也会避免其主营业务的上下游合作伙伴不会演变成竞争者，从而保持持续性战略合作的共赢格局。

⇨ 针尖战略要素三：优势聚焦

海洋不是老虎的领地

企业知道自己的优势就相当于一个动物得知自己是老虎还是鲨鱼，领地是在森林还是海洋。老虎不能因为森林被大雪覆盖，食物难找，就放弃森林；也不能因为海里鱼多，就跳进海里去。因为这不但找不到鱼，反而还会成为鲨鱼的食物，因为海洋不是老虎的领地。企业的核心优势是一种稀缺的、不可替代的、难以被模仿的、可以延展的核心竞争力，买不来、学不会、偷不走，能够为企业发展和业务增长带来持久的动力。

不难发现，那些曾经在自己的主营业务领域构建起竞争优势的行业巨头，一旦调转船头，进入与原有主业不相关的其他行业，而忽略对主业的持续深耕时，实际上就是轻易放弃了原有的优势。一方面，会丢失原有领域的竞争机会，让后来者居上；另一方面，在新的领域内短期也很难建立起竞争壁垒，前后受到夹击，导致资源消耗严重，发展受阻。

因此，所谓战略聚焦，不仅仅要聚焦于清晰的愿景和核心业务，还应坚持聚焦于企业自身的核心优势，这便是优势聚焦的含义。

坚持自己的优势更容易成功

彼得·德鲁克曾说过："大多数人穷尽一生去弥补劣势，却不知从无能提升到平庸所付出的精力，远远超过从一流提升到卓越所要付出的努力。唯有依靠优势，才能实现卓越。"个体准确识别了自己的优势——天赋和性格，并匹配以必要的知识和技能，寻找与其优势相匹配的岗位，不断地使用这些优势，并坚持下去，就有望成功。对于个体如此，对于企业更甚。

2019 年 3 月，吉姆·柯林斯的著作《飞轮效应》问世，此书给出了企业找到自身的优势，并持续发挥自己优势的方法，为企业做好优势聚焦提供了实践工具。

> ## 为什么亚马逊能成为持续增长的商业帝国
>
> 亚马逊成立之初还只是一个在线卖二手书的网站，如今发展成全球市值排名靠前的公司之一。而且在 20 年不赚钱的情况下，它的股价还在持续高速上涨。亚马逊是如何做到的？
>
> 研究过亚马逊和贝索斯的人大概都知道亚马逊的商业模式有一个底层逻辑，那就是亚马逊找到了自己的核心优势——也称为亚马逊增长飞轮（见图 2-6）。
>
>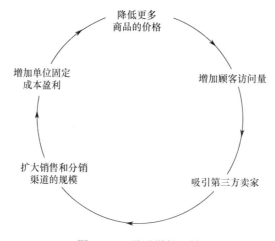
>
> 图 2-6　亚马逊增长飞轮
>
> 2000 年至 2001 年正值全球互联网泡沫破裂期，大批互联网企业倒闭，亚马逊持续亏损，股价一落千丈。为了度过危机，其他零售商考虑涨价、降低固定成本以增加现金流。亚马逊内部也有涨价的声音出现。涨价是缓解亚马逊盈利压力的一个现实措施，但是贝索斯内心有些犹豫。之后，他与好事多 CEO 吉姆·西格尔在一次面谈合作中受到了启发。吉姆·西格尔当时说："我的策略体现在，每做一件事情都应该传递企业的核心价值。人

们之所以选择到我们这儿消费是因为我们能够给他们带来价值。"这次面谈让贝索斯意识到，涨价不仅不是解决眼前现金流问题的有效方法，反而还会破坏亚马逊的企业价值观——"以客户为中心"。低价才能创造用户价值，才能留住用户。这次面谈之后，他召开了高管会议，坚持"天天低价战略"，跟竞争对手展开低价比拼。

差不多同时期，贝索斯和高管团队阅读了吉姆·柯林斯写的《从优秀到卓越》一书，对书中提到的"飞轮效应"感到非常兴奋，便邀请吉姆·柯林斯来亚马逊介绍其研究成果。基于此构建了亚马逊增长飞轮——以更低价格吸引更多客户，带来更多销量，从而吸引更多第三方销售商到亚马逊网站，赚取利润，降低固定成本并提高效率。赚取更多利润后，亚马逊进一步降低价格，吸引更多客户。

"增长飞轮"的核心是亚马逊最重要的企业文化——"用户价值"。从此，贝索斯开始坚定践行"增长飞轮"策略，至今未曾动摇过。与亚马逊增长飞轮相契合及相违背的产品或业务如表2-2所示。

表2-2　与亚马逊增长飞轮相契合及相违背的产品或业务

与亚马逊增长飞轮背道而驰而失败的产品或业务	坚持亚马逊增长飞轮而成功的产品或业务
与亚马逊 Prime 会员无关的业务	亚马逊 Prime 会员
平板电脑 Kindle Fire	无线音响 Echo
Fire Phone	AWS 企业云服务
机顶盒 Fire TV	Kindle 电子书
	FBA 物流服务
	Amazon Show
	Amazon Go 无人超市
	Marketplace 平台

资料来源：《飞轮效应》，吉姆·柯林斯著，李祖滨译。

能够为推动亚马逊增长飞轮助力的产品或业务都在各自领域取得了傲人的成绩，并且最终成为亚马逊增长飞轮的一部分。而反观那些与亚马逊增长飞轮背道而驰的产品或业务，最终则以失败告终。

对此，我们也总结出优势飞轮在多元化和创新方面的重大启示：

许多多元化的失败，不是因为对新领域很陌生，而是因为对原有优势飞轮

的放弃！

许多产品创新的失败，不是因为对新产品很陌生，而是因为对原有优势飞轮的放弃！

如果企业不清楚自己的优势，很可能会对外部的诱惑缺乏定力，错把劣势当优势，从而面临巨大的风险；也可能在真正的机会来临之时，因缺少敏锐洞察而错失良机。更为关键的是，企业把握不准核心优势，就很难在核心优势方面加大重视和投入力度，无法形成强大的竞争壁垒，反而会被竞争对手赶超，逐渐丧失原本辛苦构建的竞争优势。

纵观多元化失败的案例，大多都是走非相关多元化或者弱相关多元化的道路。实际上，贸然转向一个陌生领域，对企业是一个巨大的挑战，需要做好充分的规划和准备。尤其是核心竞争力的打造，包括品牌能力、营销能力，产品能力、运营能力等，以及整体的组织和人才管理机制。

坚持优势才能更好地应对外部的不确定

企业发展如逆水行舟，不进则退，增长是企业的永恒话题。企业的增长有 3 种动力来源。

三流企业的增长靠大势，即靠外部环境的风口或者红利。1978—2008 年是中国经济的黄金 30 年，当时的经济环境为创业和企业发展提供了极其有利的条件。这一阶段供给不足、需求旺盛，企业通过开疆拓土、跑马圈地，就能快速做大规模。但企业很少关注内部管理的精细程度，一旦外部风口和红利消失，将面临较大风险。

二流企业的增长靠实力，即优秀的业务能力和组织能力。优秀的企业关注长期发展，重视组织能力的打造。

一流企业的增长则要靠意志，这种意志体现在无论外部环境发生怎样的变化，都不会动摇企业坚持下去的决心。这种企业会在目标的指引下，不断地想办法采取有力的行动，获取并匹配相应的资源，直至目标达成。

但是增长不是凭空产生的，而是来源于企业对自身核心优势的清晰认知和恒定坚持。我们模拟了海底捞的优势飞轮（见图 2-7），海底捞就是找到了自己的核心优势并恒定坚持，从而在逆势中突出重围，获得了快速发展。海底捞的优势飞轮的起点应该是持续创新服务，这也是其最为重要的核心优势。通过贴近消费者的多样化服务，海底捞让客户产生了良好的体验，并获得了很好的口碑，从而带来市场份额的持续增长和规模利润。随后，它又把获得的利润用于人才体系建设，进一步激发员工的创意和热情，从而提供更多具有创新性的服务。

新冠疫情之后，海底捞在 2021 年也面临重创，业绩大幅下滑。但是海底捞没有自乱阵脚，首先对内部架构和管理进行了深度诊断，下定决心进行内部变革。将业绩不如预期的门店逐步关停，共关停门店 300 多家。在变革的过程中，海底捞除了在组织架构、数字化转型以及经营团队方面的调整外，重点围绕消费者习惯的变化，调整了服务模式，从提供"到店"服务到提供"到家"服务。而这也正是其坚持在"不断创造超出客户期望的服务"上下功夫。艾普思咨询发布的"中国餐饮品牌线上口碑指数排行榜"显示，2022 年 9 月海底捞又登榜首，重回巅峰。而海底捞之所以有底气对抗外部的风险，靠的就是其基于创新精神的服务优势。

如果用一句话总结优势飞轮向我们传递的道理，那便是：

在不确定的经济环境下，比创新更重要的是对成功优势的恒定坚持！

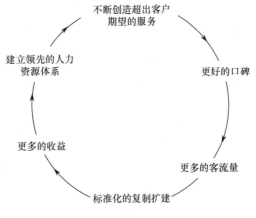

图 2-7 模拟海底捞的优势飞轮

针尖战略要素四：组织聚焦

组织不聚焦威胁企业的生存

> **"三个和尚寺庙集团"覆灭记**

　　一个和尚挑水吃，两个和尚抬水吃，三个和尚没水吃。总寺的方丈得知情况后，就派了一名住持来解决这一问题。

　　住持上任后，经过调研发现问题的关键是管理不到位，于是就招聘了一些和尚成立了寺庙管理部来负责制定分工流程。主持还认为问题的关键在于，人才没有充分利用，寺庙文化没有建设好，于是就成立了人力资源部和寺庙工会等，并开展竞聘上岗和定岗定编。几天后，成效出来了，三个和尚开始拼命地挑水，可问题是怎么挑也不够喝。不仅如此，小和尚都忙着挑水，寺庙里没人念经了，时间一长，来烧香的客人越来越少，香火钱也少了很多。

　　为了解决收入问题，寺庙管理部和人力资源部开会讨论，决定成立专门的挑水中心负责后勤，再成立专门的念经营业部和烧香管理部负责市场前台。为了更好地开展工作，寺庙提拔了十几个和尚分别担任副住持、住持助理，并在每个部门任命了部门住持、部门副住持和部门住持助理。老问题终于得到缓解，可新的问题又来了。

　　前台负责念经的和尚总抱怨口渴，水不够喝，后台挑水的和尚也抱怨人手不足，水的需求量太大且数量不确定，不好伺候。为了更好地解决这一矛盾，经开会研究，寺庙决定成立一个新的部门：喝水响应部，专门负责协调前后台矛盾。

　　为了便于沟通、协调，每个部门都设立了对口的联系和尚。协调虽然有了，但效果不理想，研究后发现原来是水的需求量不准和水井量不足等原因造成的。于是各部门又召开了几次会议，决定加强前台念经和尚对饮用水的预测，以及念经和尚对挑水和尚的满意度测评等，让前后台签署协议、相互打分，健全考核机制。

为了便于打分考核，寺庙特意购买了几套计算机系统，包括挑水统计系统、烧香统计系统、普通香客捐款分析系统、大香客捐款分析系统等。同时成立香火钱管理部、香火钱出账部、打井策略研究部、打井规划部、打井建设部、打井维护部等。

由于各个系统出来的数据总是不准确，并且都不一致，因此寺庙不得不又招了一批和尚负责数据的核对工作……

由于部门太多、办公场地不足，寺庙专门成立了综合部来解决这一问题。最后决定把寺庙整个变成办公区，香客烧香只许在山门外烧。

一切似乎都合情合理，但香火钱和喝水的问题还是迟迟不能解决。问题在哪里呢？

过了一年，寺庙黄了，大部分和尚都死了。人们在水井边发现了几具尸体，是累死的；在寺庙里发现了几千具尸体，是渴死的；还有少数的几个和尚没有渴死，他们跳槽到了其他寺庙，他们是"高层和尚"，并且带去了"先进的管理经验"。

资料来源："实效精益精细化管理"微信公众号。

现实中，很多企业倒闭的原因：总部越来越大，基层越来越忙碌，成本越来越高，客户越来越不满。一家企业的组织包括组织架构、职责权限以及流程等，其核心的使命就是承接战略，是整个战略实施的运行载体。如果把企业比喻成一个人，战略就是大脑，而组织及其相应机制就是骨骼和肌肉。战略指挥四肢，四肢足够敏捷灵活，才能让这个人以最快的速度跑向目的地。确定了核心业务，如何让业务能够有效运行，能够高质量、高效率地实现战略目标？必须依靠敏捷高效的组织体系。所以，组织也要聚焦。

组织不聚焦的核心表现就是组织臃肿，包括纵向层级过多，横向部门林立，随之而来的就是机构臃肿、职能重复、人浮于事，以及流程繁复、效率低下，而这将进一步引发组织动力丧失和企业发展疲态。"组织臃肿"往往是大企业才会患上的病，但是越来越多的情况是，很多中小企业也患上了"组织臃肿"的病，主要体现在以下方面。

组织分工过细： 一个职能设置一个部门或一个岗位。比如有些企业非常关注绩效考核，就在人力资源部之外设置一家企业管理部，专门负责企业的整体战略目标研讨、绩效指标设置以及绩效考核的全过程管理。但实际上绩效管理本应该是人力资源部的主要职能，而且绩效管理需要与人力资源管理的其他模块有所联动，这样的部门设置很可能会增加绩效管理与其他人力资源管理职能之间的协同障碍。

事业部设置随意： 但凡出来一个新的业务领域设想，为体现企业的重视与资源倾斜，就仓促设置事业部，并配备相应的岗位和人员。但是在短期之内，新业务仍处于探索期，连商业模式和策略打法都没摸透，也很难会有进一步具体化的落地举措和工作计划。员工也很难基于显著的价值创造而产生自我成就感，反而导致资源浪费，人员争权夺利使得效率降低，最终还有可能造成人心不稳。

异地机构设置过多： 很多企业低估了异地管理的难度，认为只要有人派出就万事大吉。但实际上随意设置异地机构带来的问题就是各自为政。针对分支机构过多，如果相应的沟通机制和管理机制难以配套，容易加大集团管控风险。分支机构对企业也很难产生文化归属感，弱化组织凝聚力。此外，异地机构管理难度大，如果派出的人忠诚度不高，不仅创造不了价值，多数还会成为企业的成本。

组织聚焦的核心是做紧做精

彼得·德鲁克曾一针见血地指出："组织不良最常见的病症，也是最严重的病症，便是管理层次太多。组织结构上的一项基本原则是尽量减少管理层次，尽量形成一条最短的指挥链。"作为全球最大零售企业之一沃尔玛的掌舵者，山姆·沃尔顿深知组织臃肿之苦，想方设法用最少的人做最多的事，极力减少成本，追求效益最大化。在当时，大多数企业的管理费用占销售额的 5%左右，但沃尔玛则始终将管理费用控制在 2%左右，一直到全球拥有 2000 多家连锁店，仍是如此。

组织层级不要轻易突破 4 层。美国杜邦公司提出：一个独立的公司，其最佳的组织层次是 4 层，只要不轻易突破 4 层，这家公司便能保持扁平化管理。扁平化管理对现代企业的发展意义重大。由于它压缩了管理的层次，增大了管理的幅度，从而缩短了纵向和横向之间的协同路径，实现了组织效率的提高。小米就奉行极致的扁平化管理策略，整个公司只有"创始人—部门负责人—普通员工"3 层组织架构。雷军及其创始人团队直接负责相关业务部门，各业务部门只有一个没有职级的负责人。这种架构一直持续到 2016 年，发展到 7000 人左右的规模。京东在管理上同样奉行扁平化管理策略，其内部要求：管理人员下属管理幅度不少于 8 人，否则不设置管理者岗位。实线管理幅度超过 15 人时才能设置平级或下级部门。基层管理幅度不少于 8 人及实线下属多于 50 人时才能设置平级、下级部门和副职。管理决策，尽可能两级内解决。

以强化协同为核心做紧组织。如果说扁平化是做精组织，那么做紧组织就涉及组织单元——部门的谨慎设置，以及各部门之间的流程尽可能精简高效。比如采用大部制，谨慎设立事业部和异地机构，各部门之间端到端的流程接口做到清晰、简化和一致。同时，对于一些后台职能，比如财务、人力资源和采购等尽可能采用集约化管理，通过数字化和信息化实现组织效率质的飞跃。

🔁 针尖战略要素五：人才聚焦

集中优势兵力才能打胜仗

零敲牛皮糖

70 年前，抗美援朝战争中的"零敲牛皮糖"作战方针，指导中国人民志愿军赢得了伟大的胜利。牛皮糖是我国南方民间用麦芽糖制作的食品，整块吃很难嚼烂，对付它的办法，就是把它敲碎，然后一块一块地吃。所谓"零敲牛皮糖"作战方针，就是将暂时强大的敌人比作牛皮糖，通过集中优势兵力打小歼灭战的战法去战胜敌人。中国人民志愿军在难以一次歼灭美军一个团的情况下，却能成功用一个营消灭美军一个连，用一个团消灭美军一个营，积小胜为大胜，逐步将美军消灭。它是我军历来提倡的"伤其十指，不如断其一指"歼灭战思想的创造性运用和发展。

"集中优势兵力"也是历代军事家公认的作战制胜的谋略。古今中外许多以少胜多、以弱胜强的战争，都是先以自己局部的优势和主动，向着敌人局部的劣势和被动出击，一战而胜，再及其余，各个击破。

对于企业来说，要想在竞争激烈的市场环境中突出重围打胜仗，就要在人才上集中优势"兵力"。2020年10月27日，任正非在研发应届生招聘座谈会上发表题为《人才很关键，面试最重要》的讲话。任正非说："2021—2022年是求生存、谋发展战略攻关最艰难的两年，在公司聚焦的业务领域，作战需强大的队伍，要有足够水平的兵力才能集中优势兵力打赢'歼灭战'。要敢于吸收国内外人才，不拘一格降人才。我们有足够的钱，足够大的空间，容纳天下英才，发挥他们的创造才华。无论是求生存，还是谋发展，人才最关键。"

人才聚焦的四大关键

首先，做好关键岗位的饱和配置。好钢用在刀刃上，优秀人才就要向企业内部的关键岗位上聚集。企业需通过岗位稀缺性和战略相关性两个维度来判断关键岗位，同时要能够建立优秀人才的精准画像，具有识别优秀人才的能力，并配置到关键岗位。值得注意的是，关键岗位上优秀人才的占比应体现出绝对优势。

其次，做好关键人才的提前储备。企业战略实现的关键在于人才的配置，其中既包括与当下业务相关的人员的配置，也包括与业务未来发展要求相关的人才梯队的配置，更隐含了人才与战略和业务的发展动态相匹配的要求。很多企业在人才的投入，尤其是人才的培养上持保守态度，以纯粹理性经济人和财务思维，过度关注短期收益和成本控制，从而忽视了企业可持续发展对于关键人才储备的需求。这有可能使企业在关键时期因为关键人才的缺失而遭受损失。尤其是越来越多的企业发现招人难，招优秀的人才更难，企业不得不在人才的数量和质量上做长远规划，以应对越发严峻的人才争夺战。

再次，提升优秀人才的密度。 简单来说，优秀人才的密度就是优秀人才的占比。企业要具备精准选人和高效培养的能力，打造人才供应链的外生和内生力量。招聘上关注有学习能力、内驱力和推动力的高潜人才，确保从源头上保证优秀人才的密度。同时要在内部建立起贯穿带教、分享、赋能、实践的人才培养体系，帮助员工获得高质量与高速度的成长。

最后，加大对优秀人才的激励。 这里的激励不仅仅是物质激励，而是全面激励。激励向优秀人才倾斜，就是要真正按照个体对企业价值贡献的多少进行分配。要强化多劳多得、少劳少得，甚至不得的原则，只有这样才是真正的对价值创造者的公平，也只有这样才能体现出对优秀人才的重视，激发他们更大的价值创造能力。

⇨ 针尖战略要素六：企业家精力聚焦

聚焦于企业家的第一角色

"天下乱乱于百官，百官乱乱于朝廷，朝廷乱乱于帝王，帝王乱乱于帝王心。"企业家精力是企业的战略性资源，精力投入在哪里，产出就在哪里。企业家精力不聚焦，实质上就是没有围绕着核心业务、核心优势，在精简组织和培育人才方面下功夫。究其根本，就是没有在如何让企业更快、更稳定地实现愿景方面充分投入，反而在其他与愿景相背离的领域耗费了大量的精力。

企业家精力不聚焦的根本原因在于，企业家对自己的第一角色认知存在错误，把自己当好人、当富豪和当帝王。

当好人： 在这个角色的驱使之下，企业家往往乐善好施。对内宽容有余，严格不足，导致员工惰性有余而干劲不足。此外，企业家对不合适的人和事缺少杀伐果断的行动，最终会导致企业发展速度减慢甚至陷入停滞期。

当富豪： 在这个角色的驱使之下，企业家缺少愿景和使命，更关注财务和短期目标，忽视组织能力和长远发展。把经营企业当作个人赚钱的途径，更关注个人财富的排名。在消费上不加节制，买别墅、买游艇、买飞机、买地、买楼、买资产。待实业做到一定程度，就开始转向金融投资领域，加大金融杠杆来赚快钱，最后荒废了实业，走向一味追求个人财富的不归之路。

当帝王：在这个角色的驱使之下，一些企业家追求的是自己尊贵地位的体现。把精力投入到各种能够彰显自身地位和权势的场景上，如重金打造办公场所，办公场所像宫殿一样富丽堂皇；特别强调企业的各项会议流程、汇报流程的仪式感；出行则一堆人开道护驾。这样的企业一般总经办的人数会超饱和配置。长此以往，造成企业内部等级森严，官僚气息浓厚。

但实际上，**企业家的第一角色应当是带领员工实现企业愿景的领路人**。以终为始，回归初心，企业家所有的一切行为都应当围绕着企业愿景出发。如在发展过程中，企业家坚持并购、上市的目的不是赚快钱，而是更快地实现愿景，从而获取和整合资源。目的不一样，随之而来的行为和结果也会大有不同。因此，企业家要把愿景转化为愿力，把精力聚焦在那些能够让企业靠近愿景的事上，不做远离愿景的事。

企业家精力聚焦的两抓两放

那么企业家的精力到底该如何有效投入？如前所述，企业家的精力应聚焦于第一角色，即围绕着愿景的实现而投入精力。企业家除了要在战略和业务本身的规划上下功夫，还需要重点关注企业组织能力的建设。所以我们建议企业家在精力投入上实行"两抓两放"。

（1）抓人力资源管理：企业家应该秉承先人后事的原则，在人力资源上优先投入和配置，那么企业的发展将事半功倍。企业家 50%以上的精力都应该用于人才管理或机制的搭建，坚持人力资源领先战略。

（2）抓组织能力建设：企业家要降低个人能力对组织的决定性影响，要学会造钟而不是报时。无论依赖企业家个人还是管理者队伍，都无法让企业获得长期的成功。企业家必须通过构建自动运行的组织机制，摆脱对人的个性化的依赖，提升组织运行的效率和能力。

（3）放弃无效社交：很多企业家的经营理念还停留在资源获取的时代，认为抓住了关系就抓住了机会，抓住了机会就能够成功。所以他们把时间、精力都用在社交关系网络的打造上，到处去上商学院，参加各种协会、论坛以及私人聚会等。但实际上依靠资源发展的时代已经过去，真正成功的因素已经从外部转向了内部。企业家要减少不必要的社交活动，将精力聚焦在企业的内部管理上。

（4）放弃事无巨细、事必躬亲：通过基于能力而非简单信任的授权，回归管理的本质，通过他人来达成目标。企业家应当将精力聚集在更高层次的战略布局和组织塑造上。

现代管理学之父彼得·德鲁克就曾归纳出成为一个有效的 CEO 需要关注的6 个方面：

（1）从不进行微观管理；

（2）着眼于"全局"而不是"全能"；

（3）授权的意义是让自己聚焦于自己真正该做的事情；

（4）给经理人更多的自由和信任，让他们更有工作激情；

（5）过度集权会打击下属的积极性并失去他们的信任；

（6）凡是没有明文规定是高层管理的职责，都应归属于较低层级的管理者。

针尖战略模型如图 2-8 所示。

图 2-8　针尖战略模型

第三章

愿景聚焦

愿景可以团结人，愿景可以激励人；愿景是拨开迷雾指明航向的灯塔，愿景是困难时期或不断变化时代的方向舵，愿景是可用于竞争的有力武器，愿景能建立起一个命运共同体。

——国际货币基金组织第一副主席　马克·利普顿

愿景聚焦驱动企业发展

如果愿景足够令人信服，不论遇到多少障碍和险阻，人们都愿意付出智慧和努力予以实现。而企业的愿景要让员工信服，让客户信服，让投资人信服，首要前提就是愿景足够清晰明确，也就是我们所提出的"愿景聚焦"。实践中，我们可以看到，诸多优秀企业的愿景都体现了聚焦这个特点——它们的愿景足够清晰明确，足够激励人心，在企业发展的过程中指明了企业发展方向，从而驱动企业的不断发展，并取得了成功。

沃尔玛：清晰的愿景引领企业走向全球零售第一的位置

沃尔玛的愿景：让世界上的所有人都能过上更好的生活。

沃尔玛于 1945 年由山姆·沃尔顿以一家单一的廉价商品店起家，在之后的几十年里，逐步发展成为世界上最大的零售业企业。如今的沃尔玛，在全球拥有 8500 多家连锁店，员工总数达 220 多万人，先后 17 年荣登《财富》世界 500 强排行榜第一位。那么，到底是什么创造了沃尔玛如此辉煌的业绩？可能很多管理学者会从其经营及商业模式等具体角度进行分析，德锐咨询认为，沃尔玛的成功更为重要的原因在于，沃尔玛坚持长期主义，而之所以能坚持长期主义又取决于沃尔玛明确清晰的愿景聚焦：**让世界上的所有人都能过上更好的生活**。沃尔玛一直坚持围绕自己的愿景方向，聚焦于零售业务，不断地进行业务本身的升级——打磨出更好的产品和更多的产品线，给客户带来更多更好的产品和服务，同时进行新零售模式线上与线下的融合。最终，沃尔玛的零售业务越做越大，市场份额越来越高。

与沃尔玛的战略聚焦形成鲜明对比的是西尔斯。西尔斯是成立于 1888 年的实体零售连锁店，曾是美国的"零售之王"。西尔斯的战略愿景是：跟上时代，着眼未来。这个愿景描述实际上含糊不清、不够聚焦。从愿景描述中人们根本不知道这家企业未来要走向哪里或去往何方，而不聚焦的愿景也导致西尔斯走向了衰落。

噩梦源于埃迪·兰伯特担任西尔斯的 CEO。作为著名的对冲基金经理，兰伯特没有坚持挖掘西尔斯连锁零售的价值，更多考虑的是金融层面的问题，致力于将西尔斯打造成一家房地产公司。他认为连锁零售商持有的巨大财富是土地，可以通过房地产买卖来快速实现企业增值。因此他将公司的大量现金投放到最容易取得投资回报的地方，如大量购入地产、开新店占据土地等。不久，西尔斯变成了一家"拥有很多地产的传统百货公司"。

20 世纪 90 年代后期，当沃尔玛逐渐夺走了西尔斯连锁零售巨头的宝座后，埃迪·兰伯特又注意到沃尔玛新零售的"威力"，于是模仿沃尔玛重新将战略定位于数字化体验。但因缺乏长期的数据与用户体验的积累，西尔斯的这次战略转型并未成功。高级管理层的频繁变动也导致内部管理缺乏一致性和稳定性，项目无法长期持续，战略也无法长期坚持。在埃迪·兰伯特的带领下，企业的氛围已经变成一个项目如果 3 个月内不能出成绩，就会立马被叫停。因此，大家都更愿意推出短期能见效的方案，而不是对各方面做长期投入和打磨，这样的管理模式最终导致西尔斯在 2018 年宣告破产。

华为：愿景可以迭代，但并非遥不可及

谈到企业愿景，一些企业家认为"愿景就是永远不能到达的理想彼岸"。因此，他们提出的企业愿景常常因太过宏伟而遥不可及。但是华为的经验告诉我们：愿景并不意味着遥不可及，可以随着企业的发展阶段进行更新迭代，同时

一定是可以实现以华为的愿景为例。

1987—2017 年：丰富人们的沟通和生活。

一提到华为，众所周知。但谈到华为的愿景，估计知者甚少。实际上，任正非在 1987 年创办华为之际，就确定了华为当时的发展愿景：**丰富人们的沟通和生活**。在成立后的 30 年间，华为一直围绕此愿景开展业务与经营。华为的业务领域主要集中在通信行业，聚焦移动网络、固定网络、IP 网络，致力于给客户提供面向未来的全 IP 融合网络，由此慢慢塑造起一个优秀的全球化品牌。到 2017 年，华为的整体收入达到 6036 亿元，五年复合增长率是 26%；净利润为 475 亿元，五年复合增长率是 23%，经营活动现金流达 963 亿元。至此华为基本将竞争对手一一击败。

2018 年—至今：把数字世界带入每个人、每个家庭、每个组织，构建万物互联的智能世界。

2018 年，随着时代的发展，华为对其发展愿景进行了调整。2018 年 4 月 17 日，华为轮值董事长徐直军在以"构建万物互联的智能世界"为主题的第十五届全球分析师大会上，诠释了华为新的发展愿景。他在主题发言中讲道："无论从个人的角度，还是从家庭的角度、组织的角度，我们已经看到数字化、智能化带来的实实在在的好处。同时，我们也看到了面临的差距和挑战。其实差距和挑战也是我们整个行业的机会。华为作为一家有追求、有理想的公司，作为一家希望成为伟大公司的公司，重新确立了公司的愿景——**把数字世界带入每个人，每个家庭，每个组织，构建万物互联的智能世界。**"

华为新的愿景是为适应新的发展阶段而提出的，新愿景将华为的未来聚焦到万物互联的主航道上，努力成为智能社会的推动者。通过数字技术的突破，带给客户更好的产品和服务，从而把数字世界带入人们的生活和工作中。愿景中明确提出华为未来的服务对象是：个人、家庭和组织。任正非认为，未来每一个人、每个家庭、每个组织（包括企业、政府及公共事业组织等），或多或少都要用到华为的产品或服务，或者使用华为帮助运营商建立的网络，或者使用华为的终端，或者使用华为的企业类产品。这些是分散的，缺少凝聚力，数字世界是散的、虚拟的，智能世界是凝结的、现实的，把散的东西凝结起来，华为是中间的桥梁，也是连通万物的"黑土地"。

在改革开放的 40 多年间，有太多的企业在改革的红利下，通过"短平快"的业务实现企业的发展。华为同样处在这个大机会的时代，却拒绝了机会主义，始终聚焦自己的主业，抵抗住了很多"赚快钱"的诱惑。也正是因为愿景的聚焦，才能使华为不忘初心，持续在通信、数字领域深耕，创造了如今的辉煌。在面对美国持续制裁，供应链持续承压以及全球疫情的压力下，华为 2021 年实现利润的大幅度增长，净利润达 1137 亿元，同比增长 75.9%，达到历史高位。

龙湖：可衡量的愿景引领目标如期实现

龙湖是 1993 年创建于重庆的地方性房地产企业，2021 年入围《财富》世界 500 强，连续 11 年荣登"福布斯全球企业 2000 强"，位列最新榜单第 198 位，连续 9 年获得"中国房地产开发企业综合实力 10 强"。龙湖获得如此快速的发展与它坚定不移地聚焦于愿景紧密相关。

2005 年的 10 年愿景

龙湖成立之初一直将目光聚焦在重庆，直到 2005 年提出了"**2015 年成为最受尊重和信赖的领先房地产企业**"的愿景。在这个愿景中，龙湖明确了未来 10 年内（时间）公司将聚焦房地产（行业）这个主航道，也进一步明确了"最受尊重和信赖"与"领先"地位的衡量标准。

（1）最受尊重和信赖的衡量标准：

- 用户满意度全行业第一；
- 劳动生产率全行业第一（在全国前十大规模的开发商中）；
- 中国本土企业的管理水平标杆；
- 各个业态都有行业内受推崇的产品；
- 最受政府、金融机构、合作伙伴信赖的房地产企业；
- 最具有企业家精神的职业管理团队。

（2）领先的衡量标准：

- 市值在房地产行业位列前三名；
- 在 60% 以上的进入城市中占据市场第一名或第二名；

- 项目平均利润率在全国前十大规模的开发商中位列前三名。

而正是这样清晰的愿景，一直引领龙湖稳步向前。2005 年龙湖进驻北京，开启全国化布局；2007 年正式布局环渤海区域；2008 年拓展至长三角区域，同年销售额首次突破百亿元；2009 年于香港联交所主板挂牌上市。上市之后，龙湖开始新一轮的高速增长，2009—2011 年集团销售额增长翻了一番，跻身全国十强房企。

2011 年开始，房地产大势回落，一些城市的销售明显放缓，但龙湖的战略步调始终坚定不移。龙湖财报显示，2015 年龙湖完成 545.4 亿元销售额，归属于股东的净利润高达 89.9 亿元，足可以见它在稳步扩张中，积淀了成熟的管理水平，实现了高效的劳动生产率。

1997 年龙湖就成立了龙湖智慧服务，是国内第一家公开发布管理和服务标准的物业企业，也是国内最早获得香港品质保障局 ISO9001 国际质量体系认证的企业。2017 年，权威第三方调研机构赛惟咨询调查结果显示，龙湖智慧服务全年服务满意度为 93.16%，连续 9 年保持在 90% 以上，成为备受行业肯定的物业管理标杆企业。

发展至今，龙湖依旧坚定自己的愿景，使其在不断变化的市场和政策环境中具备强大的战略定力，实现稳步发展。

德锐咨询：愿景聚焦助力业绩倍增

企业在寻找发展主航道、明晰愿景的过程中，可能会经历一波三折的过程。德锐咨询也不例外。从 2012 年创立至今，德锐咨询已走过整整十个春秋。在公司成立之初，德锐咨询只清楚自己是人力资源咨询公司，但核心到底是做管理咨询，还是做培训，抑或帮助企业做人才挖掘，最初并没有具体明确下来。因此，刚成立的前三年，公司尝试过猎头业务，考虑过聘请老师做大培训业务，也涉足过非人力资源领先战略的内容，却都并未取得理想的成果。之后德锐咨询经过深入的探讨和研究，才最终明确了自己的使命和愿景。

使命：2040 年，让中国人力资源管理领先世界。

愿景：2040 年，成为最具影响力的人力资源管理咨询企业。

德锐咨询的使命和愿景一经确立，便果断割舍了猎头等非核心业务，一以贯之地深耕人力资源管理咨询领域。而后公司所有业务的开展都围绕这个愿景而展开。

随着客户需求的日益丰富和公司管理水平的不断提高，德锐咨询开展了培训、直播、书籍撰写、人才测评以及数字化等各项业务，然而每一项工作无一不是为了服务于管理咨询的主航道。通过书籍撰写，德锐咨询沉淀自己的理念，将众多的项目经验和研究成果凝练成有深度的方法论；通过培训和直播，德锐咨询在与学员的互动中以更生动直观的形式传播自己的理念，以期帮助更多企业实现自我提升；通过测评系统的创建，德锐咨询借助信息化的力量提升项目的运行效率和专业度，形成在系统解决方案上的优势；德锐咨询的数字化聚焦，也并非为了数字化的新赛道，而是让数字化团队作为一个伟大的人力资源管理咨询公司的信息化部门，加速公司愿景的实现。正是得益于明确的愿景和业务的聚焦，德锐咨询在过去的 10 年实现了 40% 的年复合增长率。

前述优秀企业的案例展示出了愿景的巨大力量。那么企业应当如何树立自己的愿景，如何做到愿景聚焦，如何通过愿景带领企业走向卓越？我们建议重点关注 3 个方面：

- 用三环理论明确愿景方向；
- 聚焦 5 个关键要素让愿景清晰具体；
- 对愿景进行充分宣贯，让组织的愿景与员工个人的愿景融为一体，激发员工动力，真正实现用愿景驱动企业发展。

⇨ 用三环理论明确愿景方向

企业的愿景体现了企业家的立场和信仰，是企业最高管理者对企业未来的设想，是对"我们代表什么""我们希望成为怎样的企业"的持久性回答和承诺。那么如何确保愿景的方向是大致正确、相对准确的呢？我们借助吉姆·柯林斯在《从优秀到卓越》中提到的"刺猬理念"的 3 个问题（见图 3-1）帮助企业厘清愿景的方向。

第一：你能在什么方面成为最优秀的？

第二：是什么驱动了你的经济引擎？

第三：你对什么充满热情？

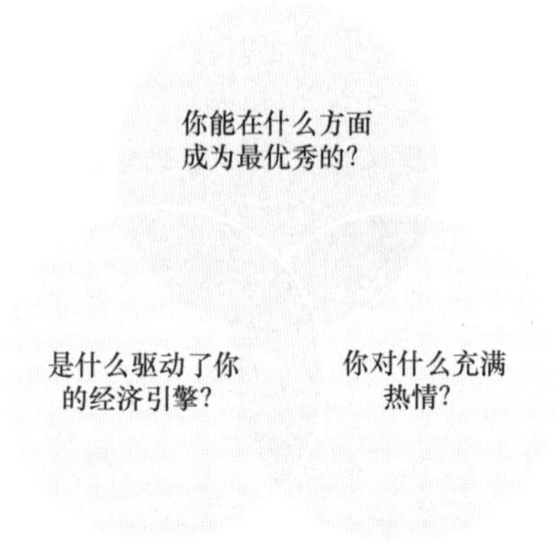

你能在什么方面
成为最优秀的？

是什么驱动了你
的经济引擎？

你对什么充满
热情？

图 3-1 "刺猬理念"的三环图

愿景聚焦五要素

为了使愿景发挥作用，赢得组织成员的支持，并且在整个组织内传播，愿景的描述就必须能让员工产生画面感，从而让员工产生愿意为愿景付诸行动的动力。企业应该以一种富有吸引力、想象力和感召力的语言来呈现企业的战略愿景，以此表达战略愿景的巨大价值。企业的愿景要能够点燃员工的激情、激发员工的创造力，这样才更有利于吸引优秀人才。而只有当愿景的描述更为明确、清晰和具体时，才能让员工更好地理解，才能真正激励员工，并获得他们的认同。

德锐咨询基于对标杆企业战略愿景的研究，以及诸多客户企业的项目实践，总结提炼出了"愿景聚焦五要素"。

要素一：实现时间。

要素二：影响程度。

要素三：行业领域。

要素四：区域范围。

要素五：实现标志。

要素一：实现时间

计划中最关键的要素就是时间，而愿景则是最长远的计划。愿景并不是遥不可及的，而是一定要实现的目标，所以有必要给愿景一个明确的达成时间。一般而言，愿景的实现时间可以设定为 10～20 年。现实中，很多优秀企业在愿景描述中并没有直接体现实现时间，但内部一定会对愿景实现的时间进行设定，并达成共识。

创办于 2013 年的 FS 家庭教育公司，如今是中国家庭教育头部专业品牌之一。FS 家庭教育公司在与德锐咨询开展项目合作之时，一起通过上述三环理论聚焦了未来的愿景方向，并将愿景描述为"成为中国家庭教育的领航者"。当项目组提出建议在愿景描述中加上实现时间时，FS 家庭教育公司的董事长有些疑惑："很多企业的愿景中都没有明确具体的时间，是否有必要？"我们的解释是："愿景描述写上具体的时间点，能让员工更清楚地了解到公司的愿景并不是一个空话，而是到未来某个具体的时间点一定要实现的，这样更能让员工有目标感，并将目标感转化为行动力。"最终，该公司的董事长采纳了我们的建议，将愿景描述调整为："2040 年成为中国家庭教育的领航者"。

要素二：影响程度

影响程度是对企业愿景实现后达成效果的描述。影响程度的描述对激励员工至关重要，若愿景描述中没有影响力的描述，那么愿景就会变得平淡无奇，难以产生激励效果。常用的表达如"领跑者""领军者""领航者""最具影响力的""客户最信赖的""顾客首选的""规模最大的"等。只有对影响程度的描述足够激励人心，才会使愿景具有画面感和号召力。

2022 年，德锐咨询与一家消费品企业 RC 进行合作时，在战略澄清模块中涉及愿景描述的重新界定。其原本的愿景描述为："酒店布草一体化解决方案运营商"。而实际上，RC 已经是国内该行业领域排名靠前的企业。项目组在与客户高管层进行战略研讨时提出："企业一定是持续发展的，愿景描述一定要体现企业在未来某个时间达到的影响力，这样才能激励人心。"经过研讨，RC

的高管一致同意，将愿景描述调整为"中国最好的酒店布草一体化解决方案运营商"。

要素三：行业领域

通过三环理论提炼出的愿景一定会聚焦在某个行业领域，因此在描述愿景的时候，必须清晰地说明企业未来深耕的主要行业领域，以体现其在业务上的聚焦。在描述行业领域时，要结合企业所在的细分领域以及所在领域未来的发展趋势等，同时尽可能体现企业自身的核心优势和特色。

德锐咨询在 2021 年服务的某个机电行业的客户 CX，其原有的愿景描述为"成为国内一流的机电企业"。但基于行业发展趋势，未来机电行业的竞争将是硬件设备加软件系统的整体解决方案领域的竞争，CX 也已经开始了这方面的尝试和探索。要想成为行业内的一流企业，必然要向整体解决方案的领域拓展并深耕。因此，CX 将愿景描述调整为"成为国内一流的电气系统集成商"。这样的描述更能体现企业未来在行业中业务的重心与定位。

要素四：区域范围

愿景描述中还必须明确的要素就是区域范围，这点关乎企业在设计未来战略业务时的市场区域选择。确定了区域，就确定了未来发力的方向和程度。区域范围的确定要基于企业当前在行业中的实力，结合未来市场的空间以及行业竞争态势等进行综合分析。例如恒瑞医药的愿景描述为"专注创新，打造跨国制药集团"。其中，"制药"表明其未来要坚持的行业领域，"跨国"表明其区域范围是全球市场。区域范围的描述包括全球、国际、亚太、中国等。有的企业在发展初期可能将愿景目标定在更具体的区域，如长三角、珠三角，甚至省内等。在区域的设定上一定要实事求是，若定得太高，会被认为是好高骛远，难以对员工形成激励；若定得太低，则会因为很容易突破、达到而丧失了愿景的长期牵引作用。

要素五：实现标志

通过以上 4 个要素可以清晰地把愿景这个激励人心的"口号"表达出来，

但还要把口号变成目标、化为行动，即用具体的、可衡量的指标进一步明确愿景的实现标志。我们不难发现，实际上有一些企业的日常运营与管理和原本确立的愿景、使命与战略是脱节的。主要原因在于，这些企业只是把愿景描述了出来，把愿景当作"口号"，当作美好的愿望挂在了墙上，而并没有明确基于愿景未来一定要达到的目标。当我们把定性的愿景描述转化为具体量化的目标之后，愿景就变得更为清晰、具体，也就更具有指导意义。

可以借鉴德锐咨询总结的"皇冠模型（见图 3-2）"设定愿景的实现标志。进入市场竞争激烈的 21 世纪，企业的取胜再也不能依靠单一优势，而要从**营销、生产、研发、人才** 4 个关键维度全面发力，在每个方面都不能存在明显的短板，也就是所谓的"皇冠模型"。企业在为愿景设定具体的目标时，可以从这 4 个方面展开。

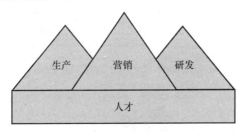

图 3-2　皇冠模型

前面提到的 FS 家庭教育公司，在明确了"2040 年成为中国家庭教育的领航者"的愿景描述后，进一步明确了其实现领航者远大目标的衡量标准，具体为：到 2040 年，公司营收要达到 200 亿元，员工人数要达到 3 万人。这样就将"领航者"这一定性的描述转为可衡量的指标，愿景就与战略以及日常的工作结合在了一起。

上述 5 个要素的清晰程度，决定了企业愿景的聚焦程度。我们再回过头来看，就会发现，龙湖的愿景刚好契合这 5 个要素，如图 3-3 所示。

而德锐咨询也同样遵循这 5 个要素来设定企业的愿景——"2040 年，成为最具影响力的人力资源管理咨询企业"。基于此愿景，德锐咨询从人员规模、市场规模、产品研发、客户影响力以及品牌影响力等 5 个方面设定了 2040 年"志向远大"的目标作为实现标志，如图 3-4 所示。

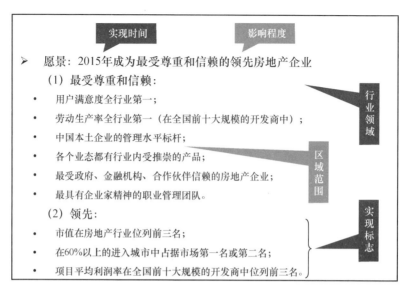

图 3-3　龙湖 2015 年愿景

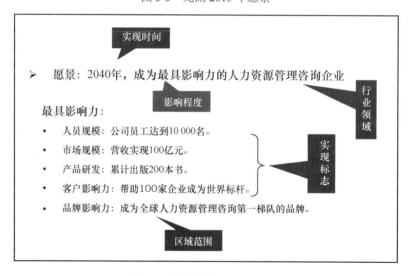

图 3-4　德锐咨询 2040 年愿景

传递愿景并达成共识

　　通过以上方法和步骤制定企业的愿景，从形式的角度上来说，已经达成了愿景聚焦的效果。但是，要让愿景真正地指导企业的日常工作，让组织运营的各个方面都能围绕着愿景来制定目标、部署行动，同时还能发挥凝聚人心、激发动力的作用，还需要将愿景不遗余力地向企业经营发展的所有相关方进行传递。企业的愿景只有获得员工的认同、股东的认可、客户的理解，才能真正获得有助于长期健康发展的土壤和环境。所以企业的愿景一经确立，就需要不遗余力地向员工、股东、客户进行传递。

向员工传递。愿景不是老板一个人的美好愿望，而是一群人的奋斗目标。因此，**员工是愿景传递最关键的人群**。企业愿景和战略目标的实现需要依靠企业全体成员的共同努力。而认同的准确比绝对的精确更重要，让员工清楚地了解企业的愿景目标，一方面通过传递企业未来的高成长性而激发员工的认同感和归属感，另一方面也能够激发员工思考自己的成长与发展如何能够和企业的愿景相结合，从而激发员工的进步动力。

> ### 阿里巴巴愿景的力量
>
> 　　1999 年马云创建阿里巴巴时，中国互联网刚刚兴起，电商发展所需要的基础设施（如电子支付、物流、商家信用等）都没有发展起来，电商能否短期内在中国成功存在很大疑问。此时的阿里巴巴在创业初期没有钱，但并没有因为没有钱就放弃找最好的人才。那么在"一没有足够的钱，二没有靠谱的事"的情况下，马云靠什么吸引了包括蔡崇信、彭蕾、金建行等人一起来创业呢？答案就是马云的个人理想和阿里巴巴的愿景。蔡崇信等人之所以加入阿里巴巴，不是因为当时阿里巴巴能够提供的收入，而是因为马云在创立阿里巴巴之初就提出的较为具体的愿景："构建未来的商务生态系统，让客户相会、工作和生活在阿里巴巴，持续发展最少 102 年"，并将愿景分解为阶段性的战略目标。
>
> 　　而蔡崇信、彭蕾等人是就是理解并认同这样的愿景才愿意放弃百万年薪，加入当时只能拿到月薪 500 元的阿里巴巴。而阿里巴巴能够成功，也正是在于，它的愿景立足于现实。而且在不断有新人加入的发展过程中，马云和阿里巴巴在选拔人才时就选择那些与企业有共同愿景的人，并且将愿景进一步提炼为企业的文化和价值观进行推广落地，以及通过构建学习

> 型组织激发员工树立个人愿景，将个人的发展与组织发展融为一体等方
> 式，他们使得新人能够认同组织的共同愿景。

向员工传递愿景的常用方式有以下 3 种。

1. 重视招聘时的愿景宣传。这包括招聘简章上对企业愿景的描述和解释，以及在面试时对企业愿景的进一步阐释等，可能更吸引志同道合的员工加入企业。同时在选拔和识别人才时，也要关注其价值观和行为与企业的愿景是否趋同。

2. 利用员工培训、内部会议等机会进行愿景宣传。如果能将愿景通过可视化的图表进行宣传讲解，那么相信员工接受的效果会更佳。全球知名的自动化控制及电子设备制造厂商欧姆龙的前社长立石义雄每天早上如果有时间的话，就会直接和员工探讨企业的愿景和经营理念。

3. 领导者要善于讲愿景故事。《引领华为：任正非的七大领导力启示》中探讨了任正非带领华为取得巨大成功的七大领导力启示，其中之一便是"激发员工斗志"。任正非特别爱给员工讲故事，那个宣布"20 年后，世界通信市场三分天下华为有其一"的故事便是一个典型。任正非是华为的领导者，也是员工的思想导师，他通过讲故事将华为的愿景、理念和发展信念传递给员工，引领员工朝目标迈进。

向股东和客户传递。股东作为企业的出资人，对企业未来的发展战略享有知情权。而企业理应将愿景与使命向股东全面传递，描绘企业的未来图景和每个新阶段的具体路径，以获取股东的充分信任。企业只有将企业愿景以及具象化的目标和核心举措传递给股东，股东才能有足够的"安全感"。尤其对于初创期的企业，通过对愿景和阶段性目标的清晰阐明和传递，股东只有感受到企业未来的发展是充满前景和无限可能的，才有可能放心投资。向股东传递愿景的方式包括定期召开股东大会，发送一年一度的告股东书、致股东信等，这些都是向股东传递愿景及战略信息的重要窗口。

企业的产品与服务最终是面向客户的，将企业的使命愿景传递给客户，能帮助客户更好地理解企业的产品与服务，提升客户对企业的好感度，也有助于客户与企业品牌建立更深刻的关系。同时，许多企业的使命愿景是与客户息息相关的，如沃尔玛的"让世界上的所有人都能过上更好的生活"，是对低价模式

的描绘和对客户的吸引。这些既是企业面向客户的价值传递，也是企业建立品牌价值、提升客户黏性的通路。向客户传递愿景的常见方式包括将企业的愿景印制在宣传物料上给到客户，邀请客户来企业参观考察，或者邀请客户参加企业的重要会议，如产品发布会、企业年会等，并在会议上宣传企业的愿景及具体阐释。

德锐咨询的愿景传递

德锐咨询是一家愿景驱动的咨询公司，非常重视愿景的力量，在多种渠道澄清和宣贯公司的愿景。

针对新员工，为确保新员工的快速融入，德锐咨询设立了为期 2 个月的新人训练营。结合公司的文化、制度、理念与核心产品对新员工进行培训。而德锐咨询的愿景则作为一门首要课程，由董事长亲自讲解。从德锐咨询的前身、正式成立以及快速发展历程，向员工呈现出一个真正以愿景为方向而制定各项发展策略的咨询公司。

而对于老员工，则是在每月一次的"欢乐颂"（公司月度全员会议）会议议程中，让全体员工朗读公司的愿景宣言。有一些老员工甚至都已经能够背下来。员工被愿景宣言中的一字一句潜移默化地感染着，驱动着。

德锐咨询每半年进行一次战略研讨会，讨论下半年和下一年的战略目标。而在每一次的研讨形成目标之后，都会不断地反问验证，这些目标和举措是否有助于德锐咨询越来越接近愿景，有哪些事情与德锐咨询的愿景相背离。正是这样的反复论证，才让愿景不断根植于德锐咨询每个人的头脑中，并以此为据，审视目标和举措的有效性。

德锐咨询还注重员工的个人愿景与公司愿景的同频。在新冠疫情来临之前，德锐咨询每年年底都会组织愿景之旅——全体出国游。德锐咨询会选择一个风景秀丽的地方，2016 年在美国的哈佛大学，2017 年在英国的剑桥大学，2018 年在俄罗斯的波罗的海，2019 年在新加坡国立大学。在这些具有厚重的人文历史和学术氛围中，所有员工现场朗诵自己的愿景宣言，在每个人对未来的美好畅想中，总有一幕是与德锐咨询未来发展密切相关的。

除了在员工层面传递愿景，德锐咨询也重视在各种对外的宣传活动中，与客户的沟通交流中，以及在一些人力资源管理专业分享中，强调德锐咨询的愿景和使命，以及基于这样的愿景和使命，德锐咨询已经取得的成绩和未来更长远的规划。同时也进一步向客户企业家和高管等宣传愿景的力量，以期引起企业家和高管对于自身企业创建愿景的重视。

正是由于这样高密度地传递愿景，公示愿景达成的战略举措，才驱动德锐咨询在成立的 10 年间，取得了复合增长率达到 40%的业绩。

⇨ 战略聚焦工具

战略聚焦工具 1：愿景聚焦五要素

战略聚焦工具 2：三环理论

战略聚焦工具 3：皇冠模型

第四章

业务聚焦

> 收缩经营范围将使你强大，追逐所有目标将使你一事无成。
>
> ——艾·里斯 杰克·特劳特《22条商规》

战略聚焦的核心在于业务的聚焦，然而业务聚焦的诸多好处，比如能够提升企业在专业领域的核心竞争力，能够在一个领域上做到足够纵深延展而获得行业话语权，能够取得规模效应提高利润，能够吸引本领域的顶尖人才等。对于这一切，企业家好像都明白，但是仍有那么多的企业因为盲目走向多元化而以失败告终。而且在核心业务上越是成功的企业，就越有意愿进入新的领域去寻求更多发展的可能性。新的领域越多，资源越分散，就会导致原有的核心业务因缺乏足够的投入而丧失优势，最终被竞争对手赶超。这也是贝恩咨询合伙人克里斯·祖克和詹姆斯·艾伦发现的一个悖论，即你的核心业务越强，你就有越多的机会迁移到邻近的盈利领域而失去焦点。而那些获得了持续成功的伟大企业则善于抵抗这种诱惑，比如华为。

聚焦主航道，收窄战略面

2014 年，任正非提出，要把握客户的真正需求，坚持主航道的"针尖战略"。针尖战略利用了物理学上的压强原理，即在同样作用力的情况下，面积越小，压强越大。水和空气是世界上比较温柔的东西，但火箭升空是靠空气推动的。火箭燃烧后高速运动的气体通过一个叫拉瓦尔喷管的小孔扩散出来的气流产生巨大的推力，可以把人类推向宇宙。涓涓流水一旦在高压下从一个小孔中喷出来，就可以用来切割钢板。

华为认为自己是一家能力有限的企业，只能在有限的宽度赶超西方企业。若不收窄作用面，压强就不会增大，就不可能有所突破。而且，华为只可能在针尖大的领域里领先于西方企业，如果扩展到火柴头那么大的领域，就绝不可能实现这种超越。因此，华为只允许员工在主航道发挥主观能动性与创造性，不能盲目创新，分散了企业的投资与力量。对于非主航道的业务，员工要认真向成功的企业学习，坚持稳定、可靠地运行，保持合理有效、尽可能简单的管理体系。

华为曾经的产品序列有很多，由此带来的直接后果就是品牌不聚焦，服务成本过高。如果一直这样盲目铺摊子，战线过长，就很难形成拳头优势。挣扎后，华为最终还是认为要聚焦主航道。任正非曾说，战略战略，只有"略"了，才会有战略集中度，才会聚焦，才有竞争力。因此，企业发展要舍得外包，要敢于放弃一些非主流航道，勇于与外部企业进行互助合作。

很快，华为看到了可喜的进步：研发团队在聚焦产品上的投入得到了保证，产品开发速度加快；销售团队和客户服务团队得到的培训和赋能也更加精准；备件库存下降；成本逐渐降低……华为几乎将企业大部分的精力都聚焦在主航道上，最终也用事实证明，华为的做法是可行的。

聚焦主航道其实就是实施针尖战略，收窄战略面。企业聚焦在针尖领域，就踩不到别人的脚，不会与别人产生利益冲突，同时要防止盲目创新。企业要敢于将战略能力的中心放到战略资源的聚焦处，就像任正非说的那样：大企业要敢于用密集投资缩短时间、追赶时间和延长机会窗开启的时间。

资料来源：《华为增长法》，胡赛雄著。

对于绝大多数企业来说，要想实现企业的持续发展，提升核心竞争力，其真正要做的应该是聚焦核心业务并持续深耕，以求在其所服务的客户心目中构建一个独一无二的形象与品牌认知。企业开展业务聚焦的第一步则要能够识别出企业的核心业务，并对非核心的业务采取有效的方式进行剥离。

选择核心业务

克里斯·祖克在《回归核心》一书中提到："一家企业至少要拥有一种强大的、具有特色的核心业务，否则很难获得持续的盈利性发展。"核心业务是指一家企业**具有竞争优势**并能够**带来主要利润收入**的业务。核心业务的足够清晰能够向市场和消费者传递明确的品牌形象和认知，即"我是谁"以及"我主要做什么"，从而快速占领客户心智。

　　然而，企业在选择核心业务时更为前置的一个思考应当是，这个业务是否能够支撑企业愿景的实现。只有那些能够不断驱动企业向愿景靠近的业务，才是真正的核心业务。而那些与愿景背道而驰，或者与愿景支撑业务抢夺资源的业务，无论它在这个领域有多么成功，它也不是核心业务。全球知名的汽车零件供应商之一博格华纳，在 2022 年底宣布计划剥离其燃油系统和售后市场业务，专注于电动汽车（EV）技术，即契合其"打造一个洁净、节能的世界"的愿景。而在 2021 年以来，也有多家上市企业宣告剥离"房地产副业"，一方面，是受房地产行业毛利率下降的大趋势影响；另一方面，也是进一步回归实业，重拾愿景的反思。

　　对处在行业头部的大型企业来说，界定核心业务并不难。企业能发展到当下的规模和体量，已经在行业内形成了集群效应，内部各类业务在营收方面的差异往往比较明显。而大企业面临的挑战往往不是界定核心业务，而是能否坚守愿景，从而坚守核心业务，避免盲目的多元化。所以，在界定核心业务上会有摇摆的往往是数量众多的中小型企业。工信部数据显示，截至 2021 年末，我国企业的数量达到 4842 万家，其中 99%以上都是中小企业。而那些在主营业务上获得了快速成长的中小企业，为了进一步扩大品牌知名度和行业影响力，希望通过"多条腿走路"实现更大的发展，就很可能在核心业务的选择和投入上产生摇摆。

　　实际上，无论是规模较大的集团性企业，还是占据大规模数量的中小型企业，都要清醒地认知或反思本企业的核心业务，必须果断地坚持对核心业务的大力投入，才能形成真正的聚焦优势。

核心业务的定义

　　克里斯·祖克在其经典著作《回归核心》一书中，把核心业务定义为"一整套的产品、能力、客户、渠道以及地域分布要素"。克里斯·祖克强调，企业要想找到核心业务，需要对以下几方面进行思考。

（1）企业最有潜在盈利价值的客户是谁？

（2）企业具有哪些最与众不同的、具有战略价值的能力？

（3）企业最关键的产品有哪些？

（4）企业最重要的销售渠道有哪些？

（5）企业有什么其他具有战略价值的重要资产，如专利、品牌、区位优势等？

第一，最有盈利能力的高忠诚度客户能给企业带来更稳定更可靠的回报，对应的业务更可能成为企业的核心业务。

忠诚度高的客户往往更容易与企业形成长期的战略合作。实际上对于企业来说，要关注的是二八法则，即大多数情况下 80%的利润是由 20%的客户所创造的。企业要尽可能克制想要满足所有客户需求的冲动和欲望，并且要识别出这 20%的客户，并把有限的资源向其倾斜。

曲美（Curves）是知名的健身连锁品牌，当美国的其他健身连锁企业几乎不分性别，希望能把男女消费者一网打尽时，曲美从客户群体出发，成为第一家聚焦女性客户的健身连锁品牌。曲美已经在全球 61 个国家有超过 10 000 家连锁店，其成功的奥秘之一就在于，对客户进行区分，专注于为女性消费者提供更好更专业的服务。企业在基于客户判断核心业务时，具体可通过以下 3 个步骤进行。

（1）通过客群分析及排序初步锁定核心业务。

（2）通过利润分析，判断各项业务的客户群是不是最有可能盈利的。

（3）通过客户复购率等指标判断客户群体黏性的高低。

第二，掌握更核心技术或研发能力往往意味着更容易拉高门槛，将竞争对手挡在门外，对应所孵化出的业务也应成为企业的核心业务。

科技是第一生产力，这个定律适用于绝大多数企业，所以企业最关键的能力就是研发创新能力。在专业技术领域，更需要聚焦和压强攻势，以确保研发的力度优势。当企业掌握了核心技术之后，就掌握了行业的话语权，企业在产品价格、客户选择等方面就有了更大的选择空间。

华为被制裁的风波让半导体芯片制造霸主台积电成为近几年最受关注的企业。台积电目前是全球最大的芯片代工厂，拥有全球超过半数的芯片产能，芯片工艺技术位居行业前列。截至 2020 年，台积电及其子公司所拥有及管理的年产能超过 1200 万片十二寸晶圆约当量，在全球半导体产业中的集成电路制造服务领域以 56%的市场占有率持续保持领先地位，而拥有先进的制程技术则是关键。而在业务的选择上，台积电充分发挥技术优势，专注于生产由客户所设计的晶片，不走自有品牌路线，不与客户直接竞争，以"成为大家的代工厂"为核心策略。而这样的业务聚焦战略实际上是为了在行业内保持研发技术能力的绝对优势。

第三，最重要的产品或服务往往是企业的撒手锏，更有可能成为未来的现金流，对应的业务更可能成为企业的核心业务。

核心业务的产品一般都有其不可替代的优势，比如生产成本低，盈利能力强，具有优异且独特的产品性能，拥有专利的创新性产品，在行业内具有超强的品牌影响力，或者能够提供更优质的客户体验与服务等。以上任何一个要素只要是在行业内或细分市场占据领先地位，就可以认为该产品业务大概率是企业的核心业务。

当沃尔玛发展到具备了服务全世界市场所需要的资源和能力时，如何拓展全球化业务被提上战略议程。由于国际市场上拥有像法国家乐福那样的更多的大型零售企业，再加上国家之间不同的文化背景、生活习惯、经济状况以及零售业的发达情况等，沃尔玛面临的竞争和挑战将更加激烈，价格战已然不能奏效。此时，沃尔玛的聚焦战略开始转向聚焦经营方式的变革与创新。沃尔玛关注到了不同地域文化习俗所带来的对产品需求的差异性，沃尔玛通过资源的整合聚焦，**向这些新的细分市场的客户提供特殊的产品和服务以满足他们特殊的要求，即建立差异化优势。**于是，在巴西和阿根廷，沃尔玛的柜台增加了更多的肉食和简单的金饰银饰；在日本，则有更多的生冷食品供应；而在德国，啤酒的柜台上有几十种不同的品牌以供选择。基于沃尔玛在不同地区所采取的差异化的具有优势的产品与服务，其全球扩张总体而言是非常成功的。外界甚至赞许他们协助抑制了墨西哥的通货膨胀，降低了英国的生活费用，促进了日本的零售业革命。可以说，沃尔玛在国际市场上所取得的成功，和它基于不同需求而提供的产品与差异化服务是分不开的。

第四，好的产品能卖给更高价值的客户，离不开最关键的销售渠道，业务的销售渠道是否最高效，也是核心业务的判定依据之一。

如果说产品是水，那销售渠道就是将水输送到客户身边的管道。管道的成本和效率做到极致也能成为企业的核心竞争力。依托行业内领先的销售渠道，对业务增长的促进是系统性的、指数级的。

天猫数据显示，公牛集团在电源插线板这个细分领域里，市场占有率已经超过 60%。而在电源插线板所属的民用电工行业，其特点是市场过于分散，被称为"蚂蚁市场"，而在这类市场中，渠道的建设则决定了企业的变现能力，进而决定企业成败。面对"蚂蚁市场"，公牛集团花费 10 年时间编织了庞大的经销商网络，并采用买断式经销，即经销商从企业买断产品后卖给终端网点，网点再将产品卖给消费者。这种模式对于企业而言，没有应收账款压力，保障稳健的现金流。同时，公牛集团创新性地推行线下"配送访销"的模式，所谓"配送访销"，就是配置专用车辆和人员，按照网点布局及既定线路，定期开展配货、送货、拜访服务及上门销售。这种模式能够很好地协助经销商进行渠道下沉，维护好客户关系，在一定程度上也加强了对渠道的管控力。正是这种强大的渠道能力逐步形成了公牛集团以电源插线板为核心业务的格局，该业务占到了总体业务的80%以上。

第五，关键战略意义资产往往意味着形成一定竞争优势，对应的业务更可能成为核心业务。

企业在市场竞争中，若能在地理区域、资本市场或其他方面拥有远超其他竞争者的差异化资源优势，那么这应该是企业竞争优势的关键，这类优势可以为企业持续稳定的盈利性增长提供保障。若企业的某类业务具备这样的差异化资源优势，那么该业务就可被定义为核心业务。沃尔玛就是早期聚焦于乡村这个特定区域，通过将优势资源集中在某一个特定的细分市场，然后在该市场上建立起比竞争对手更好的客户服务，慢慢地形成竞争优势。

GE 矩阵法

GE 矩阵法又称麦肯锡矩阵、九盒矩阵法、行业吸引力矩阵，是通用电气于 20 世纪 70 年代开发的新的投资组合分析方法，是战略规划中进行业务选择与判断的常用工具。

GE 矩阵法是从内外部两个视角帮助企业判定核心业务的。

（1）从企业外部视角分析业务的市场吸引力，一般以业务的市场规模、业务的成长率、价格敏感性、进入壁垒、市场竞争态势，以及可能的替代品等指标来衡量。

（2）从企业内部视角分析企业开展该项业务的竞争地位（竞争力），一般以企业开展该业务的盈利能力、企业的现金流、企业的技术与服务水平，以及企业做该业务的成本控制水平等指标来衡量。

在使用该工具时，具体步骤如下。

（1）选取评估市场吸引力和企业竞争能力所需要的指标，此步最为关键。可采用头脑风暴法或名义小组法来进行讨论确定。

（2）确定各评价指标的权重。可以基于业务特点，考虑各指标的重要程度，一般采用专家意见法、德尔菲法等方法来确定权重。

（3）对各因素进行打分，确定市场吸引力和企业竞争能力的得分可以采用里克特五级度量法，对每一等级赋予一定的分值。每个核心指标设置 1～5 个分级标准，评估后确定最终得分。

（4）确定核心业务。根据各业务的得分，找到在 GE 矩阵中的位置。GE 矩阵模型如图 4-1 所示，纵轴表示市场吸引力，横轴表示相对竞争实力，按照高、中、低标准，将坐标图分成 9 个象限，将各业务按标准分别填入相应的象限内。

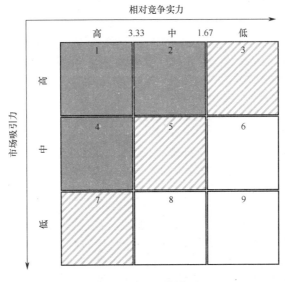

图 4-1　GE 矩阵模型

判断标准： 一般情况下，1、2、4 象限区域的业务可以判定为企业的核心业务，资源优先投入；3、5、7 象限区域的业务为企业维持业务，企业可采取的策略为维持；6、8、9 象限区域的业务则需要企业重新审视，对于行业趋势下滑明显或政策导向明确利空的业务果断放弃，将资源投入到企业更擅长更具价值的核心业务上。

以下为 A 公司的 GE 矩阵法判定表设置（见表 4-1～4-3），供参考。

表 4-1 A 公司市场吸引力及产品竞争力五级赋值表

市　　场	很不吸引人	有些不吸引人	一般	有些吸引人	很吸引人
竞　　争	极度竞争劣势	有竞争劣势	持平	有竞争优势	极度竞争优势
赋　　值	1	2	3	4	5

表 4-2 A 公司甲业务的市场吸引力等级值

评 价 因 素	权　　数	评　　分	加 权 值
工资水平	10%	1.00	0.1
技术	20%	5.00	1
人员来源	20%	4.00	0.8
市场容量	20%	4.00	0.8
市场增长率	10%	4.00	0.4
行业盈利能力	20%	3.00	0.6
合计	100%	21.00	3.7

表 4-3 A 公司甲业务的竞争能力的等级值

评 价 因 素	权　　数	评　　分	加 权 值
研究与开发	25%	1.00	0.25
生产	20%	3.00	0.6
营销	15%	3.00	0.45
管理能力	20%	5.00	1
利润率	20%	4.00	0.8
合计	100%	16.00	3.1

根据分值确定 A 公司甲业务在矩阵上的位置：最终落位为 2 区间，如图 4-2 所示。根据判定规则，A 公司甲业务为公司的核心业务范围。

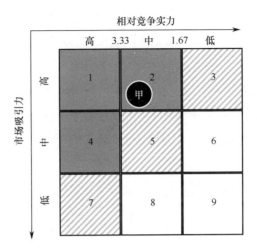

图 4-2　A 公司甲业务的 GE 矩阵

剥离非核心业务

　　运用前述工具能够识别出企业的核心业务，而核心业务之外的其他业务就被认作企业的非核心业务。对于非核心业务，企业应进行有序剥离，这有助于企业进一步聚焦主业，将有限的资源向核心业务倾斜，提升核心业务的竞争力，从而占据更大的市场份额，获得更高的利润。

　　剥离非核心业务并不是简单粗暴地停止业务，剥离往往和重组、并购、整合、资产打包等同步进行。

装备电气新"航母"的诞生：中国西电集团与国家电网有限公司重组改革

　　为避免同业竞争造成资源浪费，国资委近几年一直致力于各央企业务聚焦及重组整合，并在相关领域积极培育，适时组建新的中央企业集团。2021 年下半年，国资委力推钢铁、输配电装备制造等行业的中央企业重组整合。公告显示，中国西电集团与国家电网有限公司所属许继集团有限公司、平高集团有限公司、山东电工电气集团有限公司整体划入该新公司。此外，国家电网所属国网电力科学研究院有限公司持有的江苏南瑞恒驰电气装备有限公司、江苏南瑞泰事达电气有限公司、重庆南瑞博瑞变压器有限公司的股权，整体划入该新公司。这三家公司为国家电网有限公司下属南瑞集团持有，为一次设备生产公司。

财务数据显示，中国西电集团、许继集团有限公司、平高集团有限公司、山东电工电气集团有限公司的资产总额接近1200亿元。这意味着，该次重组成功后，新成立的中国电力装备集团，不仅稳坐国内电力装备龙头的位置，在国际上也必将成为竞争力较强的千亿级电力装备航母。重组后的电气装备新央企，旨在更广领域、更高层次统筹优化输配电装备制造业布局，进一步提升我国输配电装备领域核心技术自主可控能力和产业链现代化水平。

资料来源："第一财经"微信公众号。

对于国家电网来说，这次重组是对电网系统内非核心业务，即电气装备业务的剥离，这样更利于国家电网未来聚焦投资，建设以及运营电网的核心业务。从国资委层面，这是针对输配电装备业务的整合，促进企业主辅分离，更好地聚焦发展输配电业务，更好地实现资源配置。对中国西电集团而言，将国网的相关业务划入，有利于增强主业，更有利于形成合力，实现协同效益。

早期的万科也并非地产天选之子，发展之路也并非笃定清晰，盲目多元化也曾是万科前进道路上的一块绊脚石。但好在万科很早就看到聚焦之路的意义，因此聚焦之路开启得较早。在业务高速发展期，万科也在不断对非核心业务进行打包剥离，轻装上阵的万科专业化战略愈发明确，业绩稳步增长。

同样的聚焦主业，剥离非核心业务的动作，近期也发生在华为。2021年，华为在整体营收下滑28.6%的情况下，净利润实现了75.9%的增长。仔细研读财报会发现，这高得离谱的净利润主要是跟荣耀和超聚变（X86服务器业务）的出售有很大关系。过去几年受美国制裁的影响，荣耀及超聚变对于当下的华为来说已经变成非核心业务单元。华为在其价值颇高的时机快速出售，使其获得了宝贵的现金流以投入核心主业的发展。

2022年中下旬，任正非史无前例地发出"活下去"的内部讲话，强调"活下来作为最主要纲领""边缘业务全线收缩和关闭"，在警醒本公司及行业的同时，也把行业的寒气传递给了每一个人。在经济低迷期，唯有聚焦才能穿透周期有质量地活下去，唯有所有精力都放在核心业务上去发展，方能抵御寒冬。

⇨ 谨慎开启第二曲线

企业在核心业务步入正轨后，通常会获得持续稳定的盈利性增长。而当企业积攒了一定的资金并具备一定的实力时，企业家与经理人会不断遇到各种扩张新业务的诱惑。在某些时候，这种扩张对核心业务的发展会产生加强和助力作用，但更多的时候，这种扩张却是对核心业务的侵蚀。克里斯·祖克在出版了《回归核心》一书之后，又进一步对战略扩张进行了深入的分析，因此又出版了《从核心扩张》一书，并在该书中指出，"从核心扩张"是企业的战略扩张不是大多数企业所实行的多元化，而是以核心业务为基础向相邻领域扩张，包括产品相邻、客户相邻、渠道网络相邻、能力相邻以及创新相邻等，从而开启企业的第二曲线。但即使是从核心扩张，也要谨慎而为，要遵循开启第二曲线的三大原则：没有进入行业前十不扩张，不能增强主业的不扩张，以及没有相关人才不扩张。以防止过早、过度、过快地扩张所带来的风险，确保扩张的稳妥与安全。

原则一：没有进入行业前十不扩张

"行业前十"实际上是对企业在行业内的知名度和影响力的最低追求。大部分优秀甚至卓越的企业，追求的是行业或者细分行业的领军地位、头部地位、行业前三，或者排名前五。而"行业前十"则是行业内企业综合实力的分水岭，没有进入行业前十，企业在本行业的影响力和竞争能力就非常有限。而在核心业务未建立足够的市场竞争能力和影响力之前，不能扩张相邻业务。这时的扩张很可能占用本就"不够富余"的各类资源，进一步削弱企业向更高市场地位进军的力量。各行各业都会有马太效应，强者恒强的现象更加明显。如果主业在行业内没有进入前十就贸然开启第二曲线，往往会影响核心主业的发展，最后两头都顾不上。

未进入行业前十不扩张的另一层含义，就是先聚焦核心业务，让核心业务充分地发展壮大，直到出现一个不得不面临第二曲线选择的时机。这个时候，企业的核心业务已经处于行业领先地位，且发展平稳，而未来可预见性地会看到发展的失速。而当企业的主业，也就是第一曲线利润增长开始失速前，就是开启第二曲线的最好时机，过早过晚都不利于企业的长远发展。

> ### 急于扩张导致原有优势的丧失
>
> 　　2009—2011 年，某鞋业品牌 G 公司在全国的门店数量突破了 5000 家，营收从 6 亿元增至 26.5 亿元，2014 年成功在 A 股上市。上市以后，G 公司在未进入行业前十之前，就开始了跨界扩张之路。多次花费大量资金布局体育产业，不断拓展多品牌、多渠道、多市场，大力扩展企业版图，寻求多元化发展，试图将企业打造成"国内体育产业第一公司"。至此，G 公司的业务已涉及鞋服、网络、经纪、投资、零售等多个领域。但是从 2016 年以来，G 公司盈利能力持续下降。2016 年、2017 年的净利润分别为 2.93 亿元和 1.57 亿元。而 2018 年营业收入同比下滑 13.52%，净利润亏损 6.86 亿元。2018 年，企业开始出售所持股权，但是，由于 G 公司体量较小，与同行业的领军品牌相差甚远，加上巨大的债务压力和经销商资金压力，导致 G 公司重新转向主营业务的策略收效甚微。更加严峻的是，由于目前中高端品牌下沉，原有客户消费升级，在原本赖以生存的三四线市场，G 公司已逐渐失去竞争力。

　　原则二：不能增强主业的不扩张

　　与核心主业关联度较低甚至无关的业务，企业应保持谨慎态度而不轻易涉足。无关业务只会分散企业的资源和精力，不相关业务与核心主业的技术资源、客户资源、渠道资源，甚至资产资源等都无法互通，无法发挥叠加效应。尤其是企业转向一个完全陌生的技术领域，比如从房地产到造车，从洗发水到凉茶等，这类转换往往要面对技术难关的攻破，要有大量的资金和人员的投入，这样的扩张非但无法达到风险均摊的目的，反而会互相折损利润，可能导致 1+1<2 甚至 1+1=0 的结果。而企业在核心业务所处的行业仍有较广阔前景的情况下，企业中的任何一个动作都应是对核心业务护城河的加固。相邻扩张必须建立在对核心业务有促进作用的基础上，这种促进作用包括给核心业务带来技术的突破、客户的增加、产业链的升级、渠道的提效等。

> ### 沃尔玛：为零售主业服务的多元化
>
> 　　得益于该公司强大的供应链管理体系以及多元化的商业模式，沃尔玛 2022 年的财报显示，全年营业收入为 5727.54 亿美元，同比增长 2.4%；净

利润为 136.76 亿美元，同比增长 1.2%。

除了传统商超业务，沃尔玛为了抓牢用户和实现业绩增长，还开展了更多元化的新业态。随着疫情期的延长，线上消费成为消费者的新选择，沃尔玛电商业务也实现了快速增长。并且在疫情期间，沃尔玛为了提升用户的线上购物体验，不断扩展其配送平台，在短短三年内大力升级其送货服务，把物流配送能力覆盖至美国本土约 70% 的人口。

为了提升用户黏性，配套电商业务，沃尔玛还与 Angi 建立了新的合作伙伴关系，旨在为买家提供组装家具、电视支架和其他零部件安装服务。通过 Angi 的服务网，沃尔玛可以使 Angi 超过 250 000 名专业服务人员为全美 50 个州的近 4000 家沃尔玛商店的客户提供服务。

沃尔玛还在医疗保健、金融服务、元宇宙等领域发展业务。

早在 2011 年，沃尔玛就开始了医疗布局，从早期超市中的医疗服务角到后期提供包括基础医疗、心理健康、影像、听力、牙科诊疗和初级保健等在内的一系列服务。沃尔玛旨在通过更多的服务类型，让客户体会到沃尔玛是一个能够一站式消费的地方。

2021 年 1 月，沃尔玛宣布将与金融科技投资公司合作，成立一家金融科技初创公司，把沃尔玛的零售经验和规模与金融科技专业知识相结合，在金融领域向沃尔玛的客户和合作伙伴提供技术驱动的金融体验，不仅可以让客户在购物上省钱，还可以帮助他们管理财务。

2021 年 5 月，沃尔玛宣布收购虚拟服装试穿初创公司 Zeekit，将为购物者提供 AI 驱动的虚拟服装试穿服务。通过该软件，沃尔玛可以向购物者展示他们穿上某件衣服后的样子，并在声明中称"不断探索新兴技术如何塑造未来的购物体验"。

而更早期的沃尔玛进军加油站业务，亦不是为了开辟新的赛道，而是为了更好地服务客户，同时通过加油站的优惠服务进一步加强零售客户的黏性。

沃尔玛的多领域业务扩张，始终围绕着零售这一核心业务，以客户满意为核心，提供差异化、人文化和人性化的服务和体验，进一步助力了零售业的发展。

资料来源：《凭借多元化的商业模式，沃尔玛能否牢牢抓住用户？》，"36 氪"官方账号。

原则三：没有相关人才不扩张

人才是企业发展的核心驱动力。在人力资源管理方面优先投入和配置，企业的发展才会事半功倍，这就是"人力资源领先战略"，即决定企业发展的第一准则是"先人后事"。在企业要开启业务第二曲线时，要审视企业内部是否具备该业务发展的相关人才。这条原则不仅仅是针对相邻领域的扩张，即使是对于核心业务的规模扩张，也要考虑是否具备相关人才。

对于连锁餐饮企业来说，门店店长几乎是最为核心的人才资产。海底捞因为无法解决店长培养速度慢的问题，在创立之后的前 20 年，门店扩张一直较为缓慢。数据显示，海底捞在 1994 年到 2014 年这 20 年间总共开出了约 100 家门店，平均每年只开 5 家门店。创始人张勇在此期间主动控制门店扩张速度，一直在摸索如何解决店长人才的瓶颈问题。后来逐渐摸索出一套"师带徒"的店长选拔和培养机制，至此海底捞建立起了比较完善的店长人才梯队。从 2015 年开始，海底捞的门店数开始迅猛扩张（见图 4-3）。

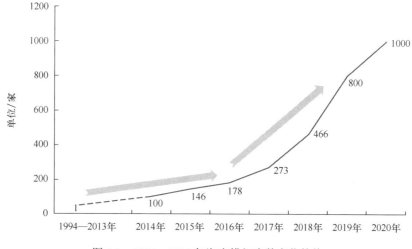

图 4-3　1994—2020 年海底捞门店数变化趋势

主业扩张已是如此，何况是新的业务领域的扩张。尤其是涉及新的商业模式、业务逻辑、产品技术，以及生产工艺等，没有成熟的人才，只靠现有人才的摸索，会严重影响新业务发展的速度。企业要重视人才的提前储备，包括内部培养和外部招聘，同时做好分类管理，即可短期内培养的人才优先内部培养，无法培养的再考虑外部招聘。而在招聘方面，要注意切不可因业务的紧迫性而匆忙招人，避免因标准不明确、识人不科学而导致招错人，从而造成更大的成本浪费。

谨慎开启第二曲线并不意味着不开启或者不扩张，而是待企业的核心业务发展成熟，在第一曲线增长失速前开启。或者核心业务因外部环境发生重大变化，比如行业空间萎缩、市场前景不佳及技术革新发生的情况下应果断转型，以免错失良机。

企业实行业务聚焦，首先要围绕愿景选择核心业务。一旦确立了核心业务，就要不遗余力调配各种资源，加大投入，同时对非核心业务进行有序剥离，进一步聚焦资源的投入方向。在企业发展到一定阶段后，要克制盲目扩张的欲望，谨慎开启第二曲线。审时度势，围绕核心业务进行相邻扩张，同时审视企业当前是否具备"天时"——行业前十，"地利"——增强核心业务，以及"人和"——相关人才充足等条件。三者缺一不可，唯有如此，企业才能实现长远发展，获得持久的生命力。

战略聚焦工具

战略聚焦工具 4：克里斯·祖克五要素模型
战略聚焦工具 5：GE 矩阵法
战略聚焦工具 6：谨慎开启第二曲线的三大原则

第五章

优势聚焦

> 不论在生意场上还是在日常生活中，最危险的不是彻底失败，而是不知道自己为什么会成功。
>
> ——斯坦福大学教授　罗伯特·伯格曼

飞轮效应的原则

在资源有限的情况下，企业如何找到自己的核心优势，并发挥和坚持优势，吉姆·柯林斯的《飞轮效应》给出了有效工具。

《飞轮效应》中介绍了亚马逊、英特尔、先锋领航等的优势飞轮，这些企业早期都并非行业的领先者，并没有先发的领先优势。它们通过寻找自身优势，构建企业优势飞轮，长期坚持优势飞轮，不断把企业的优势打造成行业的领先优势，甚至做到优势无人能敌，从而实现企业的超越和领先。

要构建和发挥好优势飞轮工具，必须先理解飞轮效应的原则：

（1）组成组织庞大飞轮的要素必须是组织的关键、核心要素，是组织发展的不可或缺的优势要素，是简练和准确的表述，并且是可以形成驱动链闭环的。

（2）以持续的努力不断推动整个组织飞轮运转，以势不可当的动量向前运动，组织就可以跨越严峻的现实。

（3）基于组织的飞轮，组织就可以大胆地进行产品创新甚至业务多元化。

构建优势飞轮的三步法

企业到底如何构建自己的优势飞轮？德锐咨询在经过帮助上百家中国企业

构建飞轮的实践后，提炼了构建优势飞轮的三大步骤。

第一步：列举出企业已经实现的、重大的、可复制的成功。优势飞轮所要描述的是一家企业非偶然性成功的底层逻辑。这种逻辑一定来源于企业过往大多数的成功实践，是从这些成功实践当中总结出来的共性因素。所以，在这一步要尽可能多地列举企业已经实现的、重大的、可复制的成功。

第二步：列举出企业经历过的失败，包括那些远没实现预期或彻底失败的举措和产品。分析失败是为了让企业在失败中总结经验，认识到哪些才是自己真正的优势，哪些不是，这样才能够进一步聚焦。

第三步：对比成功与失败，基于关键六问的逻辑，寻找能推动飞轮持续高速运转的构件并明确顺序，进一步讨论验证，达成共识。这一步是优势飞轮构建的**关键环节**，要把第一步、第二步产生的零散化的成功要素，进一步结构化。

自从 2020 年 5 月《飞轮效应》中文版由德锐咨询李祖滨翻译出版以来，构建优势飞轮成为很多企业的需求。2020 年 5 月至 2023 年 5 月，德锐咨询帮助上百家企业建立了企业的优势飞轮。有不少企业为了让全体员工时刻围绕企业的优势做事，还把企业优势飞轮印刷出来并贴在墙上。图 5-1～5-6 为一些公司的优势飞轮。

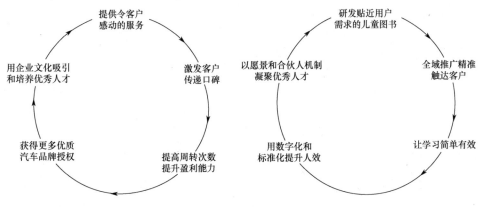

图 5-1　某汽车连锁销售公司的优势飞轮　　图 5-2　某图书出版公司的优势飞轮

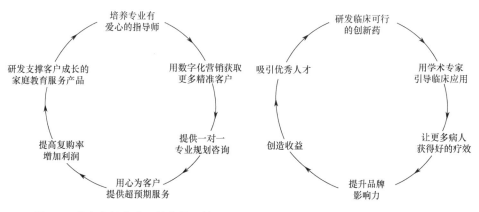

图 5-3 某家庭教育公司的优势飞轮　　　　图 5-4 某生物医药公司的优势飞轮

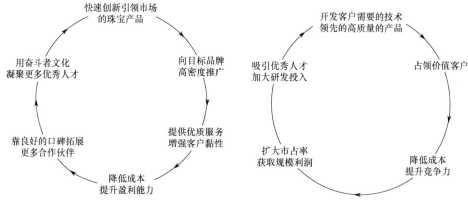

图 5-5 某珠宝供应链公司的优势飞轮　　　　图 5-6 某汽车零部件公司的优势飞轮

构建优势飞轮的六问：找出胜人一筹的招数

我们通常用战略共识研讨会的方式帮助企业构建优势飞轮。在企业构建优势飞轮时，非常重要的是找到飞轮的构件。每个构件就代表企业的一项优势，就像每位大侠，总有自己胜人一筹的几个招数。为帮助企业寻找和选择自己的优势，我们总结了构建优势飞轮的六问，如图 5-7 所示。

（1）我们聚焦什么核心竞争力？

（2）如何让客户选择我们？

（3）我们需要做什么让客户满意？

（4）我们靠什么盈利？

（5）我们靠什么扩大规模？

（6）我们如何提升组织能力？

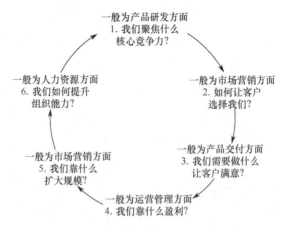

图 5-7　构建优势飞轮的六问

以下用一个案例来说明企业运用构建优势飞轮的六问来构建优势飞轮的完整步骤。

TN 集团的优势飞轮

TN 集团是以不动产运营为核心，集商业地产前期策划、建筑规划、商业项目招商、商业氛围营造、营销企划、物业管理等于一体的专业化商业运营商。它以轻资产运作为主要模式，采取租赁运营的方式，对城市工业遗产、老厂房、社区型商业、特色街区等进行投资改造，为不动产注入核心动力。受过去 3 年疫情反复的影响，商业地产行业受到了前所未有的挑战，大量商业地产在这 3 年中亏损、倒闭，而 TN 集团却凭借自己的优势在这个行业的低谷期中存活了下来并且保持一定势头的增长。为了聚焦优势获得更持久的发展，TN 集团邀请德锐咨询助其摸透成功的逻辑，构建属于 TN 集团的优势飞轮。本次飞轮研讨参与的人员为 TN 集团的所有中高层管理者，共 30 人，分成 6 个小组（按飞轮构件数量）。

第一步：列举成功。

现场管理者从 TN 集团过去的成功案例中总结出属于 TN 集团的独特优势，然后采用团队列名的引导方法，梳理大家的讨论成果并达成共识。

首先，每个小组共创研讨出属于 TN 集团的 5 项优势，写在 A4 纸上；

其次，让每个小组从自己共创的 5 项优势中选择自己认为的最重要的一项优势，贴在引导布上；

再次，每个小组再提交 1 项不重复的优势，引导师进行分类合并；

最后，将所有的优势卡片全部提交上来，并根据优势描述的含义，合并同类项，最终明确 9 项优势供大家投票选择（见图 5-8）。

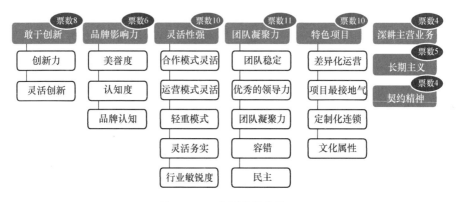

图 5-8　TN 集团的优势共识

整体上大家在思考优势时还是具有比较高的共识度的，最终经过多轮票选及调整，确定将"灵活性强""特色项目""团队凝聚力"作为 TN 集团的核心优势。对于这一结果，在场有部分管理者感到意外甚至惊喜，因为在集团的过去发展过程中，从未有过这样精准清晰的总结，这让他们感觉仿佛有一阵风吹散了眼前的迷雾。

第二步：列举失败。

在对 TN 集团的各项优势达成明确共识之后，就进入了回顾过去血泪史的环节，列举 TN 集团曾经经历过的失败，包括那些远没实现预期或者彻底失败的举措和产品（见图 5-9）。

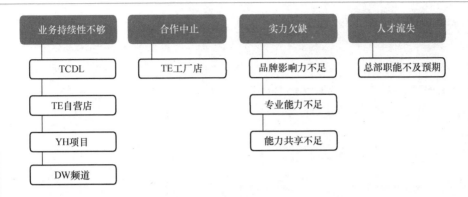

图 5-9　TN 集团失败共识

当这些失败的产品和举措一一呈现在墙面上时，现场有些管理者自嘲地笑了，火锅、TN 频道、工厂自营店……这些都是 TN 集团失败的产品。这时管理者们纷纷开始感叹："我们的优势是在商业地产运营领域，做火锅也好，做工厂自营店也好，说起来可能连省内的前五十品牌都算不上，更别提有什么优势了，这就是典型的优势不聚焦。"这个环节在管理者们"以后别再开火锅店了"的自嘲声中结束。

第三步：画出飞轮。

在这一步，各组基于第一步、第二步讨论的结果，**遵循构建优势飞轮的六问逻辑**，找到最为匹配的飞轮构件，画出 TN 集团的优势飞轮。

第一问：我们聚焦什么核心竞争力？

飞轮的起点是整个飞轮中最重要的一环，是企业的核心竞争力，是撬动飞轮运转的最佳着力点。在《飞轮效应》一书中，所列举的优秀企业的飞轮起点，几乎都是其无可匹敌的优势，包括**核心产品、核心服务和核心人才**。

那么，对于 TN 集团而言，最核心的优势纠结在"特色项目"与"灵活性强"上，实际上两者相表达的意思是一致的，TN 集团作为不动产运营商，其最核心的竞争力就是通过灵活创新来打造有特色的商业地产项目。但是引导师进一步追问，这种特色到底是什么样的？飞轮的构件必须具体明确，这样才有更强的指导意义。这时大家开始思考，到底是什么特色呢？"时尚""快乐""轻松""好玩""丰富""有趣""多彩""活力"……

大家提到了很多词汇（见图 5-10），在几轮的收敛聚焦之后，大家慢慢形成了共识，即 TN 集团的使命是在喧嚣的城市中，为在城市打拼的年轻人创造一个轻松有趣的活力街区，快中求慢，尽享惬意生活。这里的"有趣"和"活力"就是 TN 集团项目的最突出特色。所以 TN 集团优势飞轮的起点就直接定为"为城市打造有趣的活力街区"。

时尚 票数5	轻松 票数8	快乐 票6	不一样 票数1	嗨文化 票数2
有趣 票数13	夜间目的地 票数3	活力 票数11	方便 票数2	商务 票数1
好玩 票数4	精神消费 票数6	情绪价值 票数3	一站式 票数8	品味 票数4
丰富 票数1	多彩 票数7	压力释放 票数3	社交 票数2	愉快 票数2

图 5-10　TN 集团的特色列举

第二问：如何让客户选择我们？

明确了核心竞争力，不一定就会带来客户，如果企业的核心竞争力并不能被客户认可，甚至不为客户所知，那么核心竞争力就难以发挥应有的作用。所以企业必须思考客户因为什么会选择自己，这种原因可能是企业在某方面非常擅长的能力，如企业做到什么样的程度能够让客户满意，或者企业通过何种方式让客户更快更充分地了解自己。

TN 集团的直接客户其实不是消费者，而是商户。如何能够让商户愿意在 TN 集团的项目上扎根发展是第二个优势飞轮构件要解决的核心问题。现场各位对第二个优势飞轮构件的选择出现了分歧，主要有 3 种观点。

（1）用主力店吸引商户："主力店是我们吸引商户的关键，现在谈 TN 集团的品牌影响力恐怕有点为时过早。回顾我们现在已有的几个项目，不论是哪个项目，我们的策略都是依靠谈下主力店的入驻意向，然后拿着这份入驻意向去和其他的商户谈合作、谈招商的。"

（2）用品牌影响力吸引商户："品牌影响力才是我们吸引商户的关键，虽然主力店确实在每一个商业地产项目的招商阶段起到了很大的作用，但是不可否认的是，现在的 TN 集团已经与创立之初不同了，品牌影响力也不可同日而语。很多的商户都是奔着我们品牌来的，都相信 TN 集团能够为他们提供更好的营商环境。"为了找到最准确的答案，我们进一步引导提问。

第一，用品牌影响力吸引商户是否已经得到了历史强有力的验证？

对于这一问题，在场各位管理者一时间内无法举出一个强有力的案例来印证这一观点。

第二，用品牌影响力吸引商户是不是我们内心的一种期盼？

问到这里，大家陷入了沉思。在短暂的沉默过后，在场的各位管理者纷纷表示，这确实是他们内心的一种期盼，而不是一个已经经过历史验证的事实。

对于这样的回答，引导师说道："相信各位管理者现在对于优势飞轮构件的认识更加清晰了，我们优势飞轮上的每一个构件，都尽可能是已经经过历史验证的成功逻辑。回到我们帮助大家梳理出的关于优势和劣势的共识，实际上我们尚未构建出品牌影响力这一项优势。在这里，我推荐大家从外部视角去思考，商户究竟是因为什么而来。"

经过这样一番引导，在场各位管理者纷纷放弃了品牌影响力的想法。但是对于"主力店吸引商户"这个描述，有人又提出了疑问："我们在过去吸引商户的关键的确是主力店，但是，单一的主力店吸引商户是不是太单薄了，我相信在场各位都明白我们的优势绝对不止于此。"

引导师这时给大家举了一个形象的例子："我们不会因为来 TN 的星巴克买了一杯咖啡而选择在这里买一件衣服，更不会因为来 TN 的麦当劳吃一份快餐而选择在这里酌一杯酒。我们要从更深一层次来考虑，如果站在终端消费者的消费行为上思考，我们的商户会因为什么而选择我们？"

"业态的搭配！""主力店也是关键！""营销策划能力！""动线规划！"

现场管理者不断为这场研讨贡献自己的想法和观点，这些都或多或少是商户选择 TN 集团的原因，如果将这些综合起来，那就是项目的策划能力。

一位管理者说："对，谈下主力店是项目策划的一种做法，这更像是'术'上的做法，而项目策划则是'道'上的指引。如果说品牌影响力的吸引是我们未来要打造的方向的话，那么项目策划能力正是对当下 TN 集团优势的最精准表达，相比于依赖营销手段拼抢热度，不如注重内功的打造。"这番话得到了在场大部分人的认可。最终，TN 集团优势飞轮第二个构件被确定为"通过项目策划实现满租"。

第三问：我们需要做什么让客户满意？

客户选择我们只是开始，企业必须能够让客户持续满意，让客户忠诚才是飞轮得以持续转动的关键驱动力，这取决于我们到底能够给客户带来什么价值。

当优势飞轮的研讨进入到第三个构件时，大家需要思考和回答的问题是：TN 集团需要做什么来让客户持续满意。毫无疑问，作为一家商业地产运营企业，能够吸引商户愿意一直留在 TN 集团的根本原因是服务，但这到底是一种怎样的服务呢？

现场主要有两种声音：

（1）全流程的服务，TN 集团从商户入驻，甚至入驻前就开始服务了。

（2）及时的服务，TN 集团对于商户的需求响应非常及时。

对此，引导师提出了疑问："全流程管家式的服务，在业内来看属于及格分的表现，很多商业地产或地产运营商都能够提供这种全流程的服务。对于商户来说，更注重的是问题得到解决，不光要及时，而且要有效。"

这时在场的一位管理者也提出了疑问："其实我们也清楚质量是衡量服务好坏的一个非常重要的标准，但实际上，不论是数量与质量，还是速度与质量，我们都难以兼顾，我们始终认为这是'或'的关系，而难以做到'和'的关系。"

引导师继续引导道："做到'和'一定是艰难的，我们这个飞轮上的每一个构件，可能都是艰难的，如果事实是商户需要我们又全面、又及时、又高质量的服务，那么我们就没有理由因为难而放弃。绝对的快和绝对的高质量一定是难以两全的，甚至是一种错误的追求，所以我们在这之间找到一个平衡点，这个平衡点不是对其中某一项的被迫妥协，而是在整体上的最佳追求。"这番引导让在场的管理者意识到了过往的思维惯性所带来的局限性，进一步坚定了信念，TN 集团就是要给客户带来及时有效的高质量服务，帮助商户解决后顾之忧，节省商户的时间和精力，更聚焦于店铺的经营管理，从而促进商户的盈利。最终，TN 集团优势飞轮的第三个构件被定义为"高效服务帮助商户盈利"。

第四问：我们靠什么盈利？

如果说客户的忠诚和持续选择是给予飞轮持久驱动力的关键因素，那么持续的盈利就是给予飞轮持久驱动力的必要条件。说到底，企业的长远发展需要不断的利润积累，因此在整个优势飞轮构建的过程中，对于企业经济引擎的思考是必不可少的一环。要想提升企业整体的盈利能力，实际上没有什么捷径可言，无非通过降本和增效两种途径。但是要强调的是，提升盈利能力，企业一定要兼顾长期可坚持和短期可执行，一定不能陷入对于财务指标的盲目追逐，而是要长期短期兼顾，构建企业持续提升的盈利能力。

关于如何提升盈利能力，TN 集团在场各位管理者首先想到的就是降低现在的成本，因为当前各个项目的综合成本相对偏高，实际上有较大的成本优化空间。这个想法迅速得到了大家的响应。

但是 TN 集团董事长有不同的看法：控制成本一定是直接有效的能够提升企业利润的方式，但是这种方式不一定是长久的。我们不得不承认，在每一个项目前期的打磨、投入、试错中，我们确实投入了较大的，甚至高于同行的成本，但是这本身也是我们成功的一种逻辑。如果我们像其他大型连锁商业地产那样用标准化的套路快速复制的话，无疑我们会提升利润，但是可能会失去我们长期以来坚持并且赖以生存的优势。

对此，一位管理者也补充了自己的观点，降低成本一定是有度的，但是效率的提升是无上限的，提升盈利能力应当主要关注效率的提升，用业内的术语来讲，就是提升坪效。

引导师引导大家从现状和未来两个角度思考。一方面，现状问题是，成本的确存在一定的优化空间，这是大家的共识，降低综合的成本对于提升企业盈利能力来说是切实可行的；另一方面，从长远的视角来看，优势飞轮的各个构件阐释的是 TN 集团在各个方面的优势，TN 集团的导向一定不是打造出以低价为首的商业地产。因此，降低成本对应的是短期之内切实可行的途径，而提升坪效对应的则是长期来看最值得坚持的事，是 TN 集团未来要打造的优势。最终，兼顾 TN 集团短期和长期的盈利能力提升，优势飞轮的第四个构件被确定为"降低成本，提升坪效"。

第五问：我们靠什么扩大规模？

历史证明，不论多么令人惊叹的创新或产品，都有其在市场活动中的经济寿命。我们必须考虑规模的扩大，以确保在竞争对手追赶上来之前，通过规模经济效益的作用为自己累积足够的竞争优势，从而保证企业不至于陷入简单粗暴的价格战中。

当 TN 集团的优势飞轮研讨进入到第五个构件时，在场的管理者犯了难，扩大规模没问题，从一家企业的长久发展来讲，扩大规模是必要的。但是 TN 集团的发展仿佛到了一个瓶颈，近年来有多个项目的开拓都遭遇了滑铁卢，要么彻底失败，要么不及预期。对于这些失败，各位管理层方才在前面的环节中做出了深刻的反思，现如今又谈及规模的扩大，应该如何是好。

对此，引导师给出的建议是，规模要扩张，但要谨慎地扩张，要基于自身的优势去扩张。TN 集团近年来的一些规模扩张的尝试之所以失败，是因为放弃了原有的成功逻辑。火锅店、工厂折扣店等的失败，是因为过早地尝试了业务多元化的道路；"一城一店"扩张道路的失败，则是因为低估了异地机构的管理难度。

再次反思了企业失败的扩张经历后，一条扩大规模的路逐渐清晰了起来。TN 集团的优势区域是南京和上海，TN 集团的愿景是成为长三角商业地产运营的领军者，TN 集团的优势业务是商业地产运营。聚焦于当下的优势，TN 集团优势飞轮的第五个构件确定为"聚焦南京和上海拓展新项目"。

第六问：我们如何提升组织能力？

优势飞轮是一个首尾相连的逻辑闭环，因此在最后一个构件的考虑上，我们必须明确这一环节强化企业核心竞争力的路径和逻辑。作为企业核心竞争力的核心产品、服务或者核心人才，绝非企业的单一要素可以构建和强化的，唯有企业组织能力的提升才能确保这最后一环足够给力。

如果企业的核心竞争力是产品，那么毫无疑问，提升打造产品的根本能力就是提升企业组织能力的关键。这一点可以是打造优秀产品的人才，也可以是推动产品迭代革新的品牌综合影响力。

　　如果企业的核心竞争力是人才，那么对于吸引或者培养人才能够发挥重要作用的能力就是提升企业综合组织能力的关键。这一点可以是用于培养人才或者为人才所用的新产品，也可以是能够吸引人才的品牌声誉。

　　如果企业的核心竞争力是服务，那么进一步优化服务的能力就是提升企业综合组织能力的关键。这一般需要提供服务的优秀人才或团队。

　　对于 TN 集团来说，打造核心竞争力更多地依赖于经验丰富的商业地产运营和管理人才，但同时也要考虑到人才梯队的建设。所以，TN 集团优势飞轮的最后一个构件被大家一致认同为"凝聚培养优秀人才"。

　　基于此，TN 集团的优势飞轮就绘制成形（见图 5-11），获得了在场管理者的一致认可。

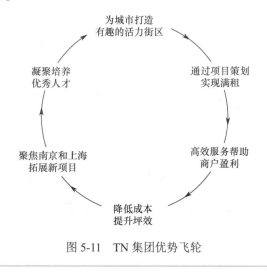

图 5-11　TN 集团优势飞轮

⇨ 选好优势飞轮的起点：练出"一剑封喉"的绝招

　　构建优势飞轮的六问清晰地阐释了优势飞轮各个构件之间的逻辑关系，而其中最为重要和关键的是识别飞轮的起点。飞轮起点是撬动飞轮转动的最佳着力点，代表了企业最为关键的优势，一旦确立，就要凝聚力量不断强化，以达到其他企业无可匹敌的状态，让企业一招制敌，从而占领行业领先地位。

　　在武侠小说中，有些修行者常常追求十八般武艺样样精通，认为"艺多不压身"。可真正的大侠，往往是倚仗自己苦修多年的必杀绝技行走江湖，声名远扬的。

商场如战场，优势飞轮就是一家企业在商场制胜的武功，而飞轮的起点就是最为知名的招数，将企业优势飞轮的起点比作"一剑封喉"的绝招，恐怕再合适不过了。每家企业都要练出自己的"一剑封喉"的绝招，方能立于不败之地。

德锐咨询的飞轮起点：研发写书

民主投票选择，听从外部视角

2020 年 6 月 15 日，德锐咨询管理者团队 20 多人第一次共创德锐咨询优势飞轮（见图 5-12）。在研讨共识的过程中，大部分的优势飞轮构件都很快地达成了共识，包括构件的选择和构件之间的逻辑关系。当要确定优势飞轮的起点时产生了激烈的讨论：对于一直秉承"先人后事"核心理念的德锐咨询，究竟优秀的人才是优势飞轮的起点，还是关于人才领先战略的书籍和产品研发是起点？

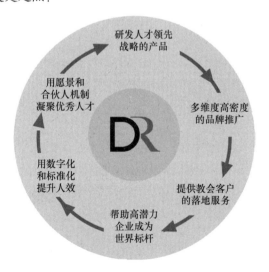

图 5-12　德锐咨询优势飞轮

讨论逐渐分为势均力敌的两派：一派认为，人力资源领先战略中最重要的理念便是"先人后事"，况且优秀的人才在德锐咨询近 10 年的发展中起到了无可替代的作用，理所应当是德锐咨询优势飞轮的起点；而另一派则认为，优势飞轮的起点核心要回答的一个问题是——是什么核心竞争力让客户选择了德锐咨询？从实践上来看，德锐咨询的书籍和产品或许更具分量。经过举手表决，两派势均力敌各得 10 票。

接下来的三天，德锐咨询创始人李祖滨向德锐咨询的客户和合作伙伴征询了意见，外部意见一致认为：德锐咨询的最大优势是——研发人才领先战略的产品。德锐咨询在优势飞轮起点的确认上，最后听从了外部视角的建议，将"研发人才领先战略的产品"作为优势飞轮的起点。

南丁格尔的启迪：**写书**

李祖滨经常用一段故事讲他坚定带领德锐咨询团队写书的缘由。他曾写道：

"我出生在国际护士节（5 月 12 日）这一天，而且我的母亲做了一辈子的护士，所以我对现代护理教育的奠基人弗洛伦斯·南丁格尔有着特别的好奇和关注。2018 年 10 月，我在伦敦游学期间，曾去参观过南丁格尔的纪念馆。纪念馆内有一个展柜吸引了我，展柜上写着：She is a writer。南丁格尔明明是一名护士，作家从何谈起。我仔细看着这个展柜，原来其中陈列着南丁格尔的 63 封书信、几本厚厚的日记本和 3 本她的专著。这些令我大受震撼：南丁格尔并非第一个上战场做护士的修女，但她是最早，也是最多地对护理工作进行观察、记录和总结的人。她基于自己的观察和实践，基于数据和事实，将护理工作的诸多细节、原理和经验，总结成了 20 万字和 3 本书籍，并向全世界传播。她的这一举措，为全世界的护理工作做出了最重要的贡献。也正因如此，她的生日（5 月 12 日）才被定为了国际护士节。南丁格尔是当之无愧的现代护理教育的奠基人。

从纪念馆回来的路上，我又想到了和南丁格尔一样的还有两位伟人是通过写很多书来影响世界的：现代管理学之父彼得·德鲁克一生著有 39 本书籍，被译成 30 多种文字，传播至 130 多个国家和地区，即使在他 94 岁高龄之年，仍有新书问世。而被誉为日本'经营之圣'的稻盛和夫，一生更是著有 52 本书籍，其"敬天爱人"的经营哲学被很多企业家奉为圭臬。

此时，我的内心对坚持写书开始坚定不移。"

先辈的基因

伟人的确做到了通过写书创造价值、流芳百世，但想写书的人很多，已经写了书的咨询公司也很多，那凭什么德锐咨询能把写书作为优势飞轮的起点？把研发写书打造成德锐咨询在行业中无人能敌的优势？公司内部很多人有这样的疑虑。

2021 年五一节期间，李祖滨回故乡完成了"寻根之旅"之后，列举了"我与写书的不解之缘"：

我的外曾祖父是从事教育的。

我的外祖父是中学老师。

我的爷爷是乡里唯一的私塾先生。

我的父亲 84 岁共写 500 篇文章，至今仍在坚持给老年报供稿。

就我个人而言，我 13 岁在吐鲁番县（1984 年改为新疆维吾尔自治区吐鲁番市）广播电台做通讯员。

16 岁在吐鲁番市二中文学社做编辑。

19 岁在南京气象学院学生会担任记者团团长。

21 岁发表第一篇气象论文。

31 岁共发表 16 篇气象论文。

50 岁共发表 26 篇管理专业文章。

52 岁共撰写和翻译了 15 本书。

李祖滨这些先辈的教育和文化基因、个人写作经历、德锐咨询的七步成书和已经出版的书籍在企业界与人力资源界产生的影响，已经足以让德锐咨询的同事相信：德锐咨询一定能将研发写书打造成行业中无人能敌的优势，研发写书这一优势也一定能推动德锐咨询实现伟大的愿景。

2021 年的年初战略研讨会上，研发写书被列为德锐咨询的重要战略突破点，并且提出了非常明确的写书目标和计划（见表 5-1）。

表 5-1 德锐咨询 2021—2040 年写书规划

阶段	"十四五"期间（本）					"十五五"期间（本）					写书目标
	"十三五"期间已完成 13 本										
年份	2021	2022	2023	2024	2025	2026	2027	2028	2029	2030	到 2030 年德锐咨询计划写书 88 本
每年写书数量	3	4	5	6	7	8	9	10	11	12	
写书数量合计	25					50					
写书数量累计	38					88					

（续表）

阶段	"十六五"期间（本）					"十七五"期间（本）					写书目标
						"十三五"期间已完成 13 本					
年份	2031	2032	2033	2034	2035	2036	2037	2038	2039	2040	到2040年德锐咨询计划写书263本
每年写书数量	13	14	15	16	17	18	19	20	21	22	
写书数量合计	75					100					
写书数量累计	163					263					

2022年，德锐咨询出版书籍已经达到20本，书籍的传播起到了公域宣传的作用——让更多不知道德锐咨询的人知道了德锐咨询，德锐咨询在企业界、投资界、咨询界和高校的品牌影响力有了快速的提升。

优势飞轮的起点之所以能成为"一剑封喉"的绝招，不仅是因为它代表了企业的核心优势，还因为它与企业的愿景关系密切。也唯有如此，当我们不断转动优势飞轮时，才能够避免企业的发展偏离愿景指引的航道。

BSJ 的优势飞轮起点：提供令客户感动的服务

BSJ 是一家以汽车贸易为主营业务的企业，在其优势飞轮研讨过程中，现场对于优势飞轮的起点首先达成了共识，即良好的服务必然是最为重要的，事实也是如此，不论是从客户评价的角度，还是从与同行业竞争对手相比的角度来看，BSJ 的客户服务都可以称得上是业内的标杆。BSJ 优势飞轮如图 5-13 所示。

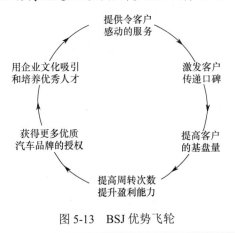

图 5-13 BSJ 优势飞轮

对于选择"服务"作为 BSJ 优势飞轮的起点，在场的每一位管理者都表示认同，但是这到底是一种怎样的客户服务？这种服务需要被赋予一个定义或一个标签，让人一眼就知道这是 BSJ 所独有的服务，这种独有的服务能够激发客户去主动传递 BSJ 的口碑。

"完美的服务！"

"真诚的服务！"

"高质量的服务！"

……

对于服务的定义，现场不断有新的声音，但好像始终都没得到所有人的认可，大家心里都清楚这是一种很好的服务，但是始终找不到一个恰当的形容词。

这时，一位来自业务团队的管理者讲了这样一个故事：

"我们公司会定期为我们服务的车主组织车友会的活动，这项传统已经延续了十几年。有一次活动，由于目的地比较远，当天所有的车主朋友需要在早晨 6 点完成集合准备出发。我们的一个业务员被派去集合点协助集合登记以及摄影留念。

这个业务员早晨 5 点半就到了集合点附近，当时他发现了一个问题。因为集合点四周住宅区稀少，周边一家早餐铺都没有，这样的话车主的早饭就成了一个问题。随后这个业务员专程跑去了 6 千米外的一家 24 小时营业的麦当劳，自掏腰包为本次活动的每一位车主都买了一份早餐。他甚至向麦当劳借了外卖用的保温桶，以确保每位车主拿到的早餐都是热的。

说实话他的职责只是去协助集合登记以及摄影留念，即使不买早餐，车主们也不会说什么。买了早餐，很有可能除了这几位车主之外也不会有其他人知道这件事。但是他依然做了，当天在场的每一位车主都非常感动，有一位车主每次见到我都还会跟我提及这件事。到今天为止，这些车主依然坚持每年都介绍客户过来。"

这样的服务令人动容，这一段故事也让在场各位成功提取到这种服务的一个关键词，那就是"感动"。最终，BSJ 优势飞轮的起点被确定为"提供令客户感动的服务"。

⇨ 验证优势飞轮的问题清单

最终优势飞轮的构成应当是简单、明了、准确、令人印象深刻的，因此还需要进行优势飞轮构建的巩固验证。

对于优势飞轮是否准确体现了企业的优势，建议用如表 5-2 所示的问题清单进行检验。

表 5-2　验证优势飞轮的问题清单

问题一：优势飞轮的各个构件是否足够清晰？
问题二：优势飞轮的运转逻辑是否足够严谨？
问题三：有没有对企业来说更重要的成功因素没有在构件中体现？
问题四：优势飞轮的起点是不是企业无可匹敌的优势？
问题五：优势飞轮的运转是否能够推动企业实现愿景？

如果回答有否定和质疑的，都建议重新审视优势飞轮的合理性，并继续讨论，直至找到准确的优势飞轮构件和准确表述。

⇨ 用优势飞轮帮助企业聚焦优势

"优势飞轮构建完成后，怎样应用优势飞轮？"

"企业怎样做才是围绕优势做事？"

"企业做到了什么才能表明把优势发挥到位了？"

在帮助企业构建好优势飞轮之后，我们提出了针对优势飞轮落地的三步骤。

第一步：确定优势飞轮的构件目标

针对优势飞轮的每个构件确定飞轮构件目标，在确定构件目标时需要回答：

（1）企业做到怎样才算把企业的这项优势做到位了？

（2）企业这项优势做到什么程度才能推动企业走向愿景？

经过讨论，由各项构件的相关最高级别负责人最后确定（见图 5-14）。

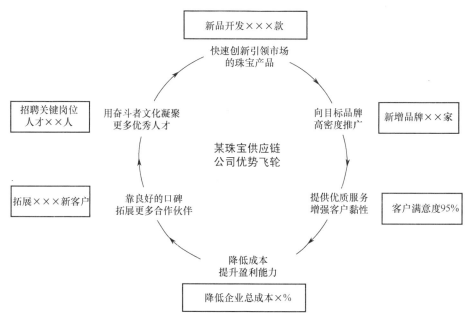

图 5-14　确定优势飞轮的各个构件目标

第二步：从优势飞轮导出关键举措

我们对上百家企业通过"智慧接龙"的方式（见图 5-15 和图 5-16），针对每个优势飞轮的构件共创出 3 个关键举措。这里的关键举措是指："我们做到了什么，这项构件的优势才能真正落地和执行？"

以下为已经实践并总结出的共创关键举措的引导流程。

（1）分组：根据构件个数分成 5 个或 6 个组。

（2）构件名称：每组认领 1 个构件。

（3）目标：认领的小组为构件确定 1~2 个最关键的核心指标。

（4）关键举措：每组写 2 个，围绕构件来写，满足 SMART 原则。

（5）将 A1 纸先折成条，能够满足各组内容都在一页纸上呈现。

（6）写完之后各组顺时针轮转 A1 纸填写。

（7）从多个行动举措中筛选出 3 个关键举措。

飞轮构件1：

目标：

关键举措：

1.

2.

3.

4.

5.

6.

7.

8.

9.

10.

11.

12.

图 5-15 优势飞轮关键举措"智慧接龙"

飞轮构件6：用奋斗者文化凝聚更多优秀人才

2022年目标：人才密度80%

关键举措：

1. 2022年3月之前建立核心岗位招聘人才标准

2. 2022年12月之前完成2期业务人才培养项目

3. 制定奋斗者文化标准10条

4. 增加运营招聘渠道3个

5. 核心人才招聘到岗时间减少10天

6. 完善人才晋升机制

7. 2022年6月根据薪酬调查提升薪酬竞争力

8. 2022年9月前引进技术专家2名

9. 管培生留存率达60%以上

10. 2022年8月建立人才孵化体系

11. 建立项目合伙人机制

12. 人才盘点优化10%的人员

构件6	用奋斗者文化凝聚更多优秀人才
关键目标	人才密度80%
关键举措	1. 2022年3月之前建立核心岗位招聘人才标准 2. 2022年9月前引进技术专家2名 3. 人才盘点优化10%的人员

图 5-16 优势飞轮"智慧接龙"实例

第三步：用关键举措做实战略地图

战略地图是企业战略落地的重要工具。战略地图是让企业的战略工作从财务层面、客户层面、内部运营层面、学习成长层面综合去考虑，战略地图是侧重"全面考虑"。

优势飞轮的作用是让企业聚焦优势，从优势出发，围绕优势做事。因为，不围绕优势做事就是在做浪费资源、浪费精力的事，而围绕优势做事就是在做正确的事。所以，优势飞轮是"抓住重点"。

德锐咨询帮助上百家企业构建了优势飞轮，并且把优势飞轮共创出的关键举措作为企业战略地图的关键举措来源，这样做的最大价值就是让企业的战略行动能够围绕企业的优势。让企业的战略举措既做到了"全面考虑"，又做到了"抓住重点"。

这种做法是对《飞轮效应》一书发展性的应用，上百家构建了自己优势飞轮的企业对此给予了高度认同。

> ## 将优势飞轮落地为行动
>
> 电商行业的龙头企业 H 公司，在我们的引导下，对于其近年来的成功逻辑达成了共识，并且成功构建优势飞轮（见图 5-17）。研讨会现场的各位高管对总结成形的优势飞轮如获至宝。但大家心里都十分清楚，优势飞轮的构建绝对不能成为一场为了讨论而讨论的自嗨。作为一项战略举措，优势飞轮的构建只是开始，优势飞轮的落地才是真正的关键。
>
> **第一步，为每一个构件确定本年度目标**
>
> 一般来说，企业的战略/优势飞轮研讨一般在当年的年初或年末进行，需要明确的也就是当年或者下一年的目标和行动计划。在优势飞轮的每一个构件中，我们不仅要明确何种举措与推动优势飞轮的运转最直接相关，同时也要明确应该采用何种指标来衡量该构件在未来一年中落地实施的具体效果。
>
> 例如，H 公司优势飞轮的起点是"不断挖掘多品类易销产品"，那么到底未来一年要挖掘出多少品类？对这些品类的质量应该做出哪些要求？再比如，优势飞轮的第二个构件为"深化多元化渠道矩阵"，围绕这一构件应

该如何做？是拓展新的渠道？还是优化现有的渠道？做到什么程度算是完成了下一年度的目标？经过反复地研讨、辩证、修订，最终每个小组为优势飞轮的每一个构件都明确了关键目标。

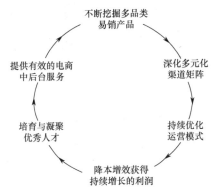

图 5-17　H 公司的优势飞轮

第二步，制定关键举措

将关键核心目标进一步分解为关键行动举措需要遵循以下 3 个原则。

（1）关键举措必须能够支持优势飞轮的运转。

（2）关键举措必须是企业层面的行动举措，而非日常的工作计划。

（3）关键举措必须符合 SMART 原则。

在这个过程中，每个小组要对每个构件都讨论出至少 2 条的行动计划，很可能每个构件会有 10 条以上的行动计划，但是企业要梳理的是企业层面的战略举措，所以仍要以聚焦为核心原则，分清轻重缓急。经过现场投票，从中选择最为重要和紧急的关键行动举措，一般为 3~4 项。H 公司的优势飞轮及关键行动举措（示例）如表 5-3 所示。

表 5-3　H 公司的优势飞轮及关键行动举措（示例）

飞 轮 构 件	目标与关键举措
1. 不断挖掘多品类易销产品	目标：挖掘 XX 款品类，爆品率大于 XX%
	关键举措： 1. 搭建市场部，确认 XX 款具有潜力的产品 2. ……
2. 深化多元化渠道矩阵	目标：拓宽 X 个新渠道
	关键举措： 1. 寻找对外合作平台 X 个 2. ……

（续表）

飞 轮 构 件	目标与关键举措
3. 持续优化运营模式	**目标**：培育业务利润增长 X% **关键举措**： 1. 拓展代运营业务，实现 X% 的增长 2. ……
4. 降本增效获得持续增长的利润	**目标**：营收增长 X%，利润增长 X% **关键举措**： 1. 整合供应链，实现与 X 家亿级品牌建立合作 2. ……
5. 培育与凝聚优秀人才	**目标**：输出 XX 位优秀人才 **关键举措**： 1. 制定具有市场竞争力的薪酬激励制度和合伙人激励措施 2. ……
6. 提供有效的电商中后台服务	**目标**：完成中后台一体化平台搭建 **关键举措**： 1. 优化组织架构，建立 X 部门 2. ……

经过上述转化动作，将相对抽象的飞轮构件分解为具体可执行的动作，对企业各级管理层以及员工更加具有指导意义，也更容易被员工认可和理解。

第三步，形成战略地图

在推行优势飞轮时，经常有人问："优势飞轮和战略地图有什么差异？"

我们的回答是："战略地图是根据 BSC 平衡计分卡的财务、客户、内部运营和学习成长 4 个层面来确定关键举措的，战略地图侧重的是全面性，4 个层面的'平衡'；优势飞轮是根据企业优势，让企业聚焦做优势的事、做关键的事，优势飞轮侧重的是重要性，突出的是'优势'。"

当行动举措足够关键和精简之后，则引入 BSC 平衡计分卡和战略地图的工具，基于 BSC 平衡计分卡的 4 个维度，将关键举措分门别类，并建立各个举措之间的逻辑关系，从而围绕着优势发挥建立更有指向性的战略实现路径，也就是战略地图。

财务层面：财务层面的指标最直接显示企业的战略及其实施和执行是否对改善企业盈利有所贡献，与构建优势飞轮的六问中的第三、第四问相联动——"我们靠什么盈利？""我们靠什么扩大规模？"

客户层面：客户是价值的源泉，客户层面的经营目标也是财务增长目标的关键来源，客户层面的经营目标关键要回答企业对客户提供的价值特征是什么及为此付诸怎样的努力，与构建优势飞轮的六问中的第二、第三问"如何让客户选择我们？""我们需要做什么让客户满意？"相联动。

内部运营：内部运营层面描述了企业如何连接客户价值主张、如何构建专业的运作体系、如何整合专业服务资源以及如何快速孕育、培养和发展企业的核心竞争力——与构建优势飞轮的六问中的第一问"我们聚焦什么核心竞争力？"相联动。

学习成长：学习成长层面是对战略层面的支撑，需要从更长远的角度来思考组织核心能力和对无形资产的构建和培养问题——与构建优势飞轮的六问中的第六问"我们如何提升组织能力？"相联动。

BSC 平衡计分卡的 4 个层面是层层支撑，互为因果的，因此在实现战略管理的系统过程中，能够做到 4 个平衡。

第一，组织长期目标和短期目标的平衡。

第二，财务指标和非财务指标的平衡。

第三，组织内部与外部两个群体的平衡。

第四，结果指标与过程指标之间的平衡。

而优势飞轮导出的关键行动举措则为 BSC 平衡计分卡的应用注入了新的活力，在平衡的基础上进一步聚焦关键，成功做到用"优势"弥补"平衡"。

当 H 公司明确了各个构件所对应的关键核心目标和关键行动举措后，在场的所有参与者通过投票筛选的方式将每一个构件所对应的关键行动举措进行提炼。然后，按照 BSC 平衡计分卡的逻辑，将所有的关键行动举措进行分类，并且描述其中的因果逻辑，最终形成 H 公司的战略地图。

通过以上 3 个步骤，可以看出优势飞轮的解构让战略举措更加关键，进而输出真正聚焦企业优势的战略地图，以便向下分解出与优势飞轮运转更为贴切的部门绩效目标，从而保证将飞轮的运转与公司每个部门、每个管理者和员工的工作关联起来，这才是能够保证优势飞轮落地并且持续转动的关键。

H 公司的战略地图如图 5-18 所示。

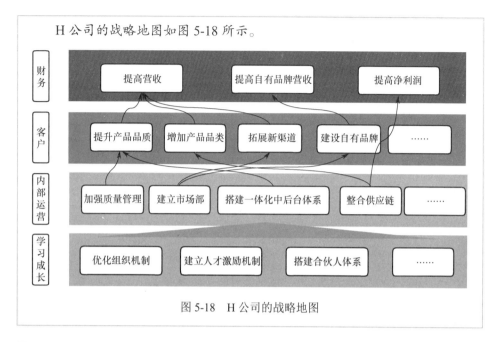

图 5-18 H 公司的战略地图

战略聚焦工具

战略聚焦工具 7：构建优势飞轮的三步法

战略聚焦工具 8：构建优势飞轮的六问

战略聚焦工具 9：验证优势飞轮的问题清单

战略聚焦工具 10：优势飞轮的起点

战略聚焦工具 11：战略地图

第六章

组织聚焦

> 合理的组织并不一定会带来优秀的业绩，但是，如果组织不合理，无论经营管理者多么有能力，也不会带来优秀的业绩。
>
> ——彼得·德鲁克《管理的实践》

许多学者的研究和企业家的管理实践都发现：优秀的组织总是聚焦的，是为了实现组织战略目标，按照一定的结构形式和活动规律结合起来的具有特定功能的开放系统。换言之，组织是通过组织生产关系变革来解放生产力，提升组织整体效率的，而聚焦的组织能够更好地组织生产关系，提高生产力、提升企业效率。

企业从创立之初到稳步发展，必然面临组织由小到大、由简单到复杂的演变过程，但由于不同企业管理水平的高低不同，会使得组织的运行效率大有不同。尤其是对于一些快速发展的中小规模的企业，在达到一定规模之后，就开始强调"科学管理"，分工过细，导致职责条块分割严重、组织机构臃肿、组织层级过多，甚至内部官僚化等，也就是组织不够聚焦，患上了所谓的"大组织病"。这些问题极大地影响了组织战略目标的实现。所以，企业要适时进行内部审视，诊断自己是否已经患上了大组织病。在此本书提供一个诊断量表（见表 6-1），帮助企业初步判定是否已经出现大组织病的征兆，为是否需要进行必要的组织变革提供决策依据。

表 6-1　大组织病的诊断标准

序　号	维　度	诊　断　标　准
1	管理层级过多	1000 人以下的企业，管理层级超过 4 级
2	管理幅度过窄	高层管理人数少于 7 人，中层管理人数少于 14 人，基层管理人数少于 20 人

（续表）

序　号	维　　度	诊　断　标　准
3	后台人员冗余	前、中、后台人员比例小于 5∶3∶2，或者 3∶2∶1
4	内部流程低效	组织审批流程周期超过 3 天，审批环节超过 4 环
5	部门和岗位设置过细	500 人以内的企业，部门数量超过 20 个，岗位数量超过 100 个
6	内部推诿扯皮	各人自扫门前雪，内部协同效率低，时有争议发生
7	组织架构庞大	不是集团却设立了分支机构，入不敷出，分支机构人员归属感差
8	后台职责分散	后台职责分散在各业务板块，资源利用难以形成集约效应
9	股权分散	股权过于分散，导致企业层面决策效率低

在中国经济剧烈变革和转型的时代下，企业靠改革红利与政策红利的时代已一去不复返。发展需要靠自身实力，内部管理要有效率，低效的组织将会面临严重的生存危机。有调查显示：中国民营企业平均寿命不超过 2.5 年，而活下来的企业中能够持续增长的不足 1/10。越来越多的企业开始重视组织聚焦。2016 年 5 月中华人民共和国国务院（以下简称国务院）第 134 次常务会议审议通过《中央企业深化改革瘦身健体工作方案》，为各国企、民企的组织聚焦提供了加速器。而近几年由于全球经济下行，众多国内大型企业都开始进行"组织瘦身"：爱奇艺裁掉非核心部门，小红书将有的社区部和电商部合并成新的社区部门，地产头部企业将人力资源部门转型为管理咨询机构。那么企业在组织聚焦的过程中，具体应该如何做？德锐咨询基于多年实战经验，建议企业从以下 6 个方面进行组织变革。

收缩被叫大的组织

在咨询实践接触到的各类企业中，我们发现一些有意思的现象：

有些企业名称带有"集团"，但人数不过数百人；

有些企业规模不足千人，却设立了事业部，但事业部实际上就是销售职能；

有些中小型企业部门设置多达二三十个，但个别部门除了领导，就一个下属；

公司业务规模不足 1 亿元，却设立多个分公司或子公司；

......

为了彰显实力，有些企业倾向于多设立分公司或子公司，形成集团型组织，或者本身不是集团性组织，却设立事业部。这样的做法有利于吸引重视企业规模的人才和客户，但从实践上来说，弊大于利。

关于集团。其实在《中华人民共和国公司法》中并没有"集团"一说，只有"有限责任公司"和"股份有限公司"的提法。在《企业集团登记管理暂行规定》中，规定企业集团是指以资本为主要联结纽带的母子公司为主体，以集团章程为共同行为规范的母公司、子公司、参股公司及其他成员企业或机构共同组成的具有一定规模的企业法人联合体。企业集团不具有企业法人资格。同时，集团公司注册需要满足3个条件。

条件一：企业集团的母公司注册资本在5000万元人民币以上，并至少拥有5家子公司。

条件二：母公司和其子公司的注册资本总和在1亿元人民币以上。

条件三：集团成员单位均具有法人资格。

若以上述标准为对照，在现实中我们看到的一些实为单体公司却称自己为集团，或者即使下属有多个分或子公司，但分或子公司也只是注册形式，而没有实体形式的情况，都是为了彰显规模，而实际上是不严谨、不合规的做法。同时，当企业以"集团"自居时，则会从潜意识中认为实际的组织形态要匹配"集团"的规模，会无意识地不断增设部门和岗位，最终导致组织的膨胀先于业务的膨胀，而带来组织臃肿和效率低下。

关于事业部制。事业部制结构最早起源于美国的通用汽车。20世纪20年代初，通用汽车合并收购了许多小公司，企业规模急剧扩大，产品种类和经营项目增多，而内部管理却很难理顺。当时担任通用汽车常务副总经理的艾尔弗雷德·P. 斯隆参考杜邦化学公司的管理经验，以事业部制的形式于1924年完成了对原有组织的改组并获得成功，成为实行事业部制的典型，因而事业部制又称"斯隆模型"。

事业部是按照企业所经营的事业，包括如产品、地区、客户（市场）等来划分并设立的内部组织。事业部一般拥有完全的经营自主权，是实行独立经营、独立核算的部门，既是受公司控制的利润中心，具有利润生产和经营管理的职能，同时也是产品责任单位或市场责任单位，对产品设计、生产制造及销售活动负有统一领导的职能。

从事业部结构的起源和其定义描述不难发现，设立事业部的时机一定是在组织发展到一定规模之后，为了削减企业因规模扩大而产生内部管理失序、市场反应迟滞等负面效应，而设立的更为灵活的组织形式。在事业部制形式下，大规模企业通过化整为零，变大船单兵作战为舰队多头出击，能够更敏捷地应对市场发生的新变化，提高作战效率。

但如果企业尚未进入规模化阶段，各方面职能都还处于成长期，**那么过早地设立事业部或者强调事业部的独立自主会带来如下问题。**

（1）**事业部各自为战，集团职能不能进行有效的管控和赋能。**要想真正发挥事业部的灵活作战能力，就必须经历总部职能从强到精的过程，否则很难发挥总部职能对事业部的指导和管控作用，事业部也很难成长做大，反而造成资源的浪费。

（2）**事业部管理层认知错位，导致集团决策执行缓慢。**事业部管理意味着管理自主，但如果企业尚处于快速成长期，仍需要一盘棋走路，一些重大决策仍需要公司总部来制定，所设立的事业部更多只是单一职能，如销售的分区作战，但是事业部认为自己有决策的权限，则可能引发总部和事业部的管理冲突。

因此，企业要克制一心求大组织规模的虚荣心，在组织架构的设计上，要考虑是否有利于更快地实现企业的愿景和战略，一旦发现组织有庞大、冗余以及管理失控的倾向，就要及时进行组织诊断，进而实施组织精简合并的动作。

⇨ 砍掉不该设立的公司

我们在做咨询业务时，常常发现很多企业会基于业务的不断发展而成立多家子公司，这是业务发展的必然需要。但有些企业成立多个子公司的目的是，希望获得企业治理方面的一些价值，如风险隔离、合理节税、利润分红、股权激励等，也无可厚非。而基于这类目的设立公司的企业会走入一个误区，那就是把治理结构当成组织结构，实际上这两者并不是一回事。治理结构属于公司体制层面，是所有权和经营权的分权协调模式；而组织结构属于公司机制层面，是经营和管理的具体模式，属于公司的运作方式，侧重于业务的开展和各部门职责的分配。

现实中，一些企业基于治理的需要注册了多个子公司，这些公司实际上并不需要进行实际的业务开拓或经营管理，但企业在这些公司中设置了包括总经理、部门经理等在内的岗位并配置相关人员。对于所配置的核心人员，要么从经营业务的公司调任或者两边兼职，这样就造成了实际经营业务的公司人员精力分散；要么从外部新招人员，这就会导致整个组织人员规模变大，直接导致组织的人效降低。此种状况在一些国企中也经常出现，为此国务院国有资产监督管理委员会（以下简称国资委）在2016年就下发了《关于中央企业开展压缩管理层级减少法人户数工作的通知》。从2016年到2021年底，中央企业共"压减"法人户数19 965户，占中央企业总户数的38.3%。为了实现组织的精简高效，在推动企业发展的过程中，企业家应当思考如下问题。

问题一：企业是否设置了多个公司？

问题二：设置多个公司是为了业务发展需要还是为了公司治理需要（如规避风险、合理节税）？

问题三：为了治理设置的多个公司，是否配置了不必要的岗位和人员？

问题四：非经营性公司的人员是由内部员工兼职还是外部招聘了专职人员？

如果企业在经营的过程中为了治理成立了很多公司，并为这些公司配备了专职人员，就会造成资源浪费和人效降低，需要尽快优化精简，建议做法是：

（1）识别已设立非经营性公司的必要性，若并非特别需要，就砍掉不该设立的公司。

（2）若基于治理需要，必须要有独立于经营单位外的公司，那么应控制数量，可以合并的应该合并。

（3）此类公司的人员，原则上在经营性公司中找合适的中高管兼职即可，并明确仅是名义的兼职。

撤回不必要的异地机构

随着企业业务规模的不断扩大，往往会涉及多个区域、多个国家乃至全球，相应地，企业会在不同地区设立组织机构。但有一些企业开设异地机构时，并不一定是由于当地的业务已经增长到一定规模，需要快速响应当地客户的需求而不得不设置，而是在当地业务规模还未有明显起色，甚至还未产生业务时，企业就急于通过设立异地机构，实现业务的快速拓展。实际上对于业务不成熟的地区，并不一定要设置异地机构，过早地设立异地机构与集中办公相比可能带来更多弊端。不必要的异地机构和集中办公的优劣势对比如表 6-2 所示。

表 6-2　不必要的异地机构和集中办公的优劣势对比

对 比 维 度	不必要的异地机构	集 中 办 公
战略执行	执行力弱	执行力强
管理成本	高	低
组织文化	文化稀释	文化传承
团队战斗力	弱	强

对于企业而言，宁可让员工出差，也不要轻易设置异地机构。一般在异地设立的机构多为营销、客服等业务前端业务职能，但是当业务仍处于拓展期时，更需要集中企业内部的多方资源和协同力量，才能更快地占领市场。过早地设立异地机构，就是过早地在前端战斗部门与后台弹药部门竖立了一道不必要的障碍，跨地区的管理会带来更多的资金成本、沟通成本、协调成本和执行难度，同时也会削弱分支机构人员的归属感从而影响人员稳定性，反而更不利于新业务的拓展。

在当下通信技术如此发达，交通工具如此便捷的时代，至少企业在区域业务拓展初期或在周边区域，尽量不要设置异地机构，已经设置的要及时撤回，实施集中办公。出差办公会增加一定的出差费用，但相比于异地办公的场地租赁成本和管理成本则会节省更多费用。尤其是集中办公所带来的资源集中，协同作战，以及文化的一致性所带来的人心凝聚等，都会对业务开拓产生更大的推动作用。

> ### 一年消失 1600 家，保险公司上演分支机构大裁撤
>
> 　　对于保险公司来说，无论是寿险还是产险，相当程度上，机构数量的多寡代表着一家公司的保费规模，是江湖地位的另一种表述。过去 40 年间，铺渠道、拉人头、建机构是行业做大保费的主流模式。
>
> 　　但相较于以往的"圈地运动"，2021 年保险行业出现了"别样的风

景"。截至 2021 年 12 月，45 家保险公司获批撤销的保险分支机构多达
1732 家。仅 2022 年上半年，就有 1357 家保险公司分支机构退出市场。其
中，头部险企撤销的机构以营销服务部为主，集中于三四线及以下城市和
一些乡镇；而中小险企撤销的更多为分支公司。2021 年各大保险公司撤销
异地机构数量如图 6-1 所示。

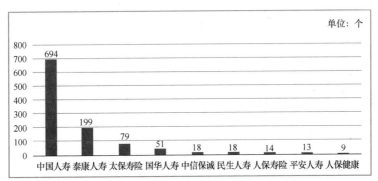

图 6-1 2021 年各大保险公司撤销异地机构数量

从行业发展趋势的角度来说，保险业过去"跑马圈地"式的粗放型发
展模式已经不再适应新时代高质量发展的要求，从两个方面来看：

一是经过 40 年的发展，我国保费规模已经处于全球第二，增量市场空
间有限，同时，随着人口红利下降，保险业过往赖以生存的"人海战术"
面临瓶颈，一味地通过铺机构来获取业务已经明显"入不敷出"，面临行业
下行压力和成本上升压力，裁撤低效的分支机构，进一步推动公司整体的
集约化管理成为必然。

二是保险业的数字化转型和线上化经营发展越来越充分，传统上依赖
机构带来的价值创造随之减少，而对互联网保险产品的接受度更高的 80
后、90 后已然成为消费主体，各家保险公司纷纷调整营销策略，转战互联
网市场，这也是机构裁撤的原因之一。

加强组织内部协同

战略的实现离不开组织内部的高效协同，目标的一致性是促进协同的牵
引力量，如日月指挥着陆地上人们的劳作休息；但影响实际协同效率的是组

织机制，如影响人们劳动效率的是团队组建和分工方式以及使用的工具。从组织结构的角度来说，要从两个方面做精做紧，即纵向打破隔热层，横向拆除部门墙。

纵向打破隔热层

在组织结构中，管理者往往在顶层，而员工处于底层；在顶层的是首脑，在底层的是手脚。日常工作中，工作指令沿着指挥链条自上而下地传递，而在顶层和底层之间有一些中间层级，他们负责解释与传达指令、提供资源、评价产出、做出修正以及向顶层报告最终结果。

根据沟通漏斗模型，信息传递本身带来的失真效应，再叠加多个层级带来的信息过滤效应（见图 6-2），顶层的决策真正能够被基层有效执行的概率不超过 30%。这个问题的解决从软件上依赖于企业内部的沟通机制和沟通文化，而从硬件上则依赖于组织管理层级的数量。很多企业都有管理层级过多的倾向，如不足 500 人的企业，从总经理到基层员工一共有 7 级，每个层级还设置了副职，部分管理者的管理幅度只有 2～3 人。管理层级过多，从顶层到基层就像夹着厚厚的隔热层，企业的经营理念、业务策略、管理决策很难完全穿透到基层，严重影响执行效果。反过来，作战一线所遇到的问题同样也难以快速反映到公司层面予以解决，管理层离一线业务越来越远，可能会导致客户和市场的流失。打破隔热层，一方面要增加各层级的管理幅度，另一方面要压缩管理层级，实施扁平化管理。

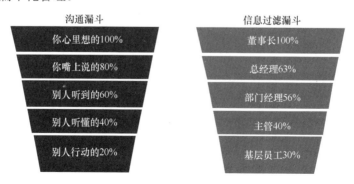

图 6-2　信息过滤效应

1. 增加管理幅度

所谓管理幅度，是指在组织中，一名管理人员负责直接管理的下属数量，管理幅度过小，会导致管理层级过多，执行效率降低；但管理幅度过大，又会造成管理难度过大，出现管理失位的情况。那管理幅度到底多大才比较合适，可以采用以下两种方法确定。

经验统计法。通过对不同类型企业的管理幅度进行抽样调查，以调查所得的统计数据为参照，再结合企业的具体情况确定管理幅度。美国管理学家欧内斯特·戴尔曾调查了 100 家大型企业，其最高经营层的管理幅度为 1～24 人不等，中位数在 8～9 人。在实际操作中，通常也会调查不同标杆企业的管理幅度。经验统计法简便易行，更多适用于简单参考或者与其他方法相互验证。

变量测定法。这种方法是把影响管理幅度的各种因素作为变量，采用定性分析与定量分析相结合的做法，一般分为 3 个步骤。

首先，找出影响管理幅度的主要变量。

其次，分析各个变量对管理者负荷的影响程度，确定权数。

最后，将管理人员的总权数与管理幅度的标准值进行比较，确定管理幅度。

20 世纪 70 年代，美国洛克希德导弹与航天公司通过研究分析与验证，将职能的相似性、地区的临近性、职能的复杂性、指导和控制的工作量、协调的工作量和计划的工作量 6 个因素作为判断管理幅度的主要变量，并计算出每个变量的权重，权重越大表明其对管理幅度的影响越大（见表 6-3）。企业在使用该工具时，可根据自身各变量的实际情况，确定各变量应该取的分数，再将其加总而得到一个总数值，然后根据主管人员拥有的助理人数及工作内容，对这个总数值进行修正，即可得到决定管理幅度大小的总分数。这个总分数越高，意味着领导者的工作负荷越重，管理幅度就应越小，具体对应标准如表 6-4 所示。

表 6-3　管理幅度计算量表

管理幅度影响变量	影响管理幅度的变量和权重				
	1	2	3	4	5
职能的相似性	完全相同 1	基本相同 2	相似 3	存在差别 4	根本不同 5
地区的邻近性	完全在一起 1	在同一座大楼 2	同一厂区不同大楼 3	同一地区不同厂区 4	不同地区 5

（续表）

管理幅度影响 变量	影响管理幅度的变量和权重				
	1	2	3	4	5
职能的复杂性	简单 2	常规工作 4	稍有复杂 6	复杂多变 8	高度复杂多变 10
指导与控制的 工作量	最少的监督指导 3	有限的监督指导 6	适当的监督指导 9	经常、持续地监督 指导 12	始终严密地监督 指导 15
协调的工作量	同其他人联系少 2	关系仅限于确定 项目 4	易于控制的相互关 系 6	相当密切的关系 8	紧密广泛而又不 重复的关系 10
计划的工作量	规模与复杂性小 2	规模与复杂性有 限 4	中等规模并具复杂 性 6	高度复杂并有政策 指导 8	高度复杂且政策 不明确 10

将计算出的主管人员的总分数同管理幅度的标准相比较，并基于所在区间找出所对应的管理幅度。将标准管理幅度与该主管目前实际的管理幅度进行比较，就可以判定该主管目前的实际幅度是大还是小，并为管理幅度的调整提出建议。管理幅度标准值建议表如表6-4所示。

表6-4 管理幅度标准值建议表

影响各变量的分数总和（分）	建议标准管理幅度人数（人）
40～42	4～5
37～39	4～6
34～36	4～7
31～33	5～8
28～30	6～9
25～27	7～10
22～24	8～11
16～21	11～14

当然，随着社会技术的发展、信息化技术的提高，健全的规章制度和流程化管理的形成，再加上各家企业实际情况并不一样，企业的管理幅度得到扩展，企业在实际运用以上两种工具的过程中，应根据实际情况灵活调整。现实中我们在进行相应模块的咨询项目时，往往是将多种工具相结合并根据经验进行判断，以提高判断结果的准确度。

2. 压缩管理层级

设计扁平化的组织架构，是现代企业管理组织架构设计和优化汇总的基本要求。现代管理学之父彼得·德鲁克曾一针见血地指出："组织不良最常见的病症，也就是最严重的病症，便是管理层次太多，组织结构中的一项基本原则就是，尽量减少管理层次，尽量形成一条最短的指挥链。"如海尔集团就将原来的职能结构转变成流程网络结构，垂直业务结构转变成水平业务流程，使企业达到了"三个零"——客户零距离、资金零占用和质量零缺陷。

海尔集团的扁平化管理变革

海尔集团从 1992 年开始实施多元化扩张战略，扩张后的海尔集团，其业务分为 13 个产业，每个产业都由独自的公司来运营，并由海尔集团控股。多元化战略的确给海尔带来了迅速的发展，但也给海尔带来了危机。规模的扩大使得海尔内部开始滋生"大企业病"：权力环节蔓生，影响到信息的上传下达，导致神经末梢感应不灵，降低了管理决策的准确性和有效程度；职能机构增多，加深了内部的专业化，但也滋生出官僚主义、部门小团体主义等不良现象；为了对日益膨胀的企业进行有效控制，规章制度和条条框框越来越多，但好心办了坏事，众多的制度打击了员工努力工作的意愿和热情。

事实上，既有远见又拥有极强危机意识的张瑞敏一直都没有轻视这个问题。20 多年来，张瑞敏的重大变革都跟"人"有关。1998 年，张瑞敏提出了"内部模拟市场化"的组织革命，推行 SBU 策略，想把海尔的数万名员工，都变成一个个"小老板"；2005 年，张瑞敏提出"海尔模式即人单合一"，强调人和市场的统一，速度和准确度的统一。2006 年，张瑞敏再次号召管理层学习《世界是平的》一书，学习如何应对扁平化时代的挑战。

海尔的扁平化路径一共可以分为三步。第一步把原来属于每个事业部的财务、采购、销售业务全部分离出来，整合成独立经营的商流推进本部、物流本部、资金流推进本部，实行全集团范围内统一营销、统一采购、统一结算。第二步把集团原来的职能管理资源进行整合，如人力资源开发、技术质量管理、信息管理、设备管理等职能部门全部从各个事业本部分离出来，成立独立经营的服务公司。整合后集团形成直接面对市场的、完整的物流、商流等核心流程体系和资金流、企业基础设施、研发（R&D）、人力资源等支持流程体系。第三步把这些专业化的流程体系通过

"市场链"连接起来，设计索酬、索赔、跳闸标准。对原有的职能结构和事业部进行了重新设计，把原来的职能型的结构转变成流程型网络结构，垂直业务结构转变成水平业务流程，形成首尾相接和完整连贯的新的业务流程。

海尔集团在实施扁平化管理变革之后，节约了经营资源，降低了管理费用，大大提高了生产效率和资金使用效率，使企业对市场的反应更加灵敏，实现了与用户零距离。

资料来源："世界经理人"微信公众号。

对于组织来说，管理幅度和管理层级一般是相伴而生的。理论上讲，"管理幅度"与"管理层级"存在"二律背反"规律，即组织的管理层级越多，其管理幅度就越窄；若管理幅度越宽，那么其管理层级就越少。

那么企业就可以在管理幅度确定的情况下，计算出具体的管理层级。例如：某企业共有职工 1100 人，需要多少管理层级合适呢？根据前面介绍的管理幅度的设计方式，首先根据管理幅度标准值建议表 6-4 确定高层的管理幅度为 4～5 人，中层的管理幅度为 5～6 人，基层的管理幅度为 10～12 人。然后，分别根据最低管理幅度和最高管理幅度测算出有效管理人数。最后，根据测算结果，找出与公司总人数的相近数，其对应的层级数，就是组织管理层级。如该企业员工有 1100 人，对照表 6-5 可以发现，1100 人在第四层级 1000 人附近。那么，第四层就是该企业所对应的合理的管理层级。

表 6-5　根据管理幅度计算管理层级（示例）　　　　　　单位：人

管 理 层 级	有效管理人数	
	最低管理幅度	最高管理幅度
第一层	4	5
第二层	4×5=20	5×6=30
第三层	20×5=100	30×6=180
第四层	100×10=1000	180×12=2160

在实践中，也建议 1000 人以内的组织，管理层级不要超过 4 层。很多纵向层级多的公司，也希望实行扁平化的组织管理，但具体改革时，并不是简单地撤掉公司几个层级就可以顺利完成的。在大中型企业中，管理关系和生产流程

较为复杂，在推行扁平化组织管理时，首先需要思考调整后的流程信息是否畅通，机构和岗位设置是否精简高效，权责是否对应等问题。其次企业管理者应明确去掉的层级哪些权力应向上收回，哪些权力应该下放到下个层级。最后，还需要判断人员的问题，员工的综合素质是否合适，关键岗位上的人员是否满足企业发展需要。若以上这些问题得不到较好的解决，那么盲目地删减层级可能会导致管理上的混乱。因此，企业在推进扁平化管理，增加管理幅度时，需要做好以下 3 个关键事项。

- 调整前：对要合并的部门进行调查和论证，包括调整后的管理流程是否畅通，员工的综合素质是否满足组织扁平化的需要。
- 调整中：在部门进行整合时，需要符合工艺相近、区域相邻、集散有度、便于管理的原则。
- 调整后：实行扁平化组织管理后，合理地进行集权与分权，企业管理者应明确保留哪方面的决策权，下放哪方面的权力、下放到哪个层级。

横向拆除部门墙

部门是基于组织规模变大和专业分工而出现的，其设立的初衷是避免混乱，提高效率。但往往由于部门的定位不同，部门间的协同经常存在问题。在现代权变学说创始人劳伦斯和洛尔施看来，由于部门定位不同，部门之间存在着多种差异：目标不同、时间观念不同、人际互动方式不同，结构的规范化程度也不同。多种不同造成了在部门之间就会出现严重的部门壁垒。部门壁垒高筑，会造成部门之间不能有效地共享信息、资源和技术。当出现问题时，各自都从自身角度考虑，在解决问题的过程中增加大量的沟通和协调成本。而且部门林立、分工过细还会造成管理黑洞，即部门职责之间的连接地带无人问津，即俗称的三不管地带。若企业没有严谨的流程体系支撑，这些管理黑洞也很可能对企业造成损失。

若要拆除部门墙，与打破隔热层一样，在软件上要强化内部的协同文化，在硬件上要调整组织架构和流程，尽可能实施大部制，将职能上存在紧密联动关系或职能不饱和的部门进行合并，同时简化流程，明确各部门端到端的流程接口，形成完整闭环。

1. 实行大部制

鲍勃·菲费尔在《利润倍增》一书中把企业内员工分为两类：一类是与产出直接相关的人，另一类是主管和管理人员。他认为以利润为目标的企业，应该不遗余力地削减第二类人员。他还指出："在几乎所有的企业中，就白领雇员而言，每四个人中解雇一个，对你的企业不会有任何影响，在许多情况下，三去一或二去一都没问题。"企业要提升人效就必须不断削减第二类人员。

在企业中，仅有 1 人的部门可能是少见的例外，但 2～3 人的部门很普遍，4～7 人的部门更是常态。企业要提升人效，就需要将职能相近、业务范围趋同的部门合并管理，按照"大部制"方式运作。"大部制"可以把原先一段一段的"铁路警察"合并整合成几支高效精干的团队。实施大部制之后会提高沟通效率，提高合作意愿，降低协同成本，同时也能提升部门的统筹管理能力。

> ## 摆脱组织"肥胖症"的 JN 集团
>
> JN 集团是国内一家著名医药连锁企业，创建于 1993 年，经过 29 年艰苦创业、顽强拼搏，现发展成为集种植、研发、加工、销售为一体的医药企业集团，在全国拥有多家分公司，员工 500 多名。近年来，JN 集团积极扩张，但效果欠佳，企业利润连年下降，几近亏损。
>
> 德锐咨询在对 JN 集团的组织进行诊断时，发现 JN 集团的整个组织架构相当庞大，包括种植、研发、销售、质量、采购、财务、审计、法务、人力、总监办、公司办公室等 27 个部门。其中 6 人以内的部门共有 20 个，占比达到 74%。同时，在管理层级上，JN 集团总部的管理层级达到 8 级，门店店员反映客户的需求，至少需要传递 7 个层级才能达到决策层，解决问题效率低，客户满意度持续下降。
>
> 综合以上现象，德锐咨询结合 JN 集团发展战略和管理现状，提出从层级、集分权、业务流程、部门协作等方面思考如何实现组织瘦身，解放生产力。
>
> 首先，纵向压缩层级，减少信息传递节点。建议总部压缩中心层级和

部门层级为一级；省公司压缩区域及分部层级至少一级。

其次，横向精兵简政，实行大部制，打破部门壁垒和官僚主义。建议取消 4 个总监办合并进入办公室；取消服务类、助理等副职；部门低于 5 人的包括审计、法务等独立部门，除去核心保密岗位之外，全部进行归并；同时进行精兵简政，将人才输送至一线。

最后，德锐咨询为 JN 集团提出组织能力提升计划（见表 6-6），在未来有计划地逐步解决 JN 集团组织"肥胖症"的问题。

表 6-6　JN 集团组织能力提升计划（部分示例）

项目要点	相关内容	实施要点
战略（S）	战略规划	企业发展部负责战略管理，做好内外部的分析，提出战略管理建议，定期组织开展战略管理活动、分解与下达战略管理目标和战略执行跟踪复盘
	战略执行管理	跟踪各单位绩效目标分解、绩效考核与运用等工作，推进与跟踪绩效面谈工作
组织（O）	治理机制	企业发展部负责治理机制、管控机制和组织架构管理工作，并进行定期的评审与优化
	管控机制	
	组织管理	人力资源部负责岗位管理、重大人事任免、人员异动管理、编制管理和人力资源规划工作
人才（T）	人力资源部建设	人力资源部向业务驱动转型，过程中加大人力资源部人员的选用及培养
	人才盘点	循序渐进地、系统地推进人力资源体系搭建，重点是通过系统构建和自有团队打造相结合，并随着企业发展优化沉淀有 JN 集团特色的人力资源体系
	人才激励	
	人才选择	
	人才培养	
文化（C）	企业文化理念体系	企业文化职能定位到人力资源部，从散落的企业文化活动，形成系统的有章法的企业文化体系
	企业文化落地体系	企业文化活动有规划地系统开展，逐渐形成 JN 集团的企业文化底色，引领企业发展

2. 简化流程

华为在保证组织轻便方面的一个最重要特点，就是高效的端到端流程，即强调订单到回款的最短路径。而组织聚焦，强化协同的一个重要方面，就是企业内部流程在效果可控的前提下，尽量精简并实现部门之间的接口顺畅。部门内部或紧邻部门的流程往往追求的是局部最优，但局部最优并不一定是整体最优，一定要从整体业务链闭环的角度来审视和优化流程链。跨部门、层级间流程接口尽量简化和统一，乃至实现标准化，避免决策指令和执行之间的信息缺失、失真。

沃尔玛在梳理所有环节的流程时，有经典的 3 个问题：

（1）如果继续保留这个流程，是否会给企业和客户带来价值？

（2）如果删减这个流程，对外和对内是否会给企业带来风险？

（3）如果删减这个流程，是否会给客户带来负面影响？

如果这 3 个问题的答案都是"否"，沃尔玛会毫不犹豫将这个流程删除。如果 3 个问题的答案都是"是"，那么这个流程必须保留。如果对这 3 个问题的答案没那么明确，有影响或有可能存在风险，沃尔玛就会判断影响及风险的程度，以及这些影响与风险是否可以通过其他流程弥补或分解至其他流程。采购部门通过这种方式的流程梳理，简化汇报线，剔掉不合理的环节，每年能节省上千万元。而其他部门如人力资源部、运营部等通过梳理也能简化数十项业务流程，流程的简化大大提高了沃尔玛的人效。

对于流程是否需要优化，我们有一个简单的判断标准：一个称职的员工，在同一个地方出现两次以上同样的差错；或者两个以上称职员工，在同一个地方出现同一差错时，就要及时判断，是否是业务流程本身出现了问题。当发现流程确实存在问题后，进行流程优化的核心思路是坚持客户导向，并以最简单有效的方式实现流程端到端的贯通，从而提升组织运行效率。在此提供一个分析逻辑，企业可以用以下 5 个问题审视内部流程。

（1）现有流程能否有效地满足客户的需求？

（2）流程会消耗哪些资源，能否充分利用，是否还有优化的空间？

（3）流程运行的关键阻碍有哪些，如何消除？

（4）流程运行的内部风险是否识别？控制程序是否健全有效且得到了执行？

（5）流程运行中会受到哪些干扰，哪些会因人的影响而发生变动？

通过以上五问，企业可以循序渐进地对流程管理中的问题进行深入挖掘，使流程得以优化、调整并改善。最终实现的是通过流程服务员工，让员工的工作更简单，更有效率，同时也能够让员工有更多的时间和精力投入到创造性的工作中，为组织带来更大的价值。

➡ 及时收回过多过早释放的股权

近几年，股权激励之风刮得格外猛烈，媒体和培训机构更是推波助澜，将股权激励当作企业发展的灵丹妙药，鼓吹任何企业只要实行股权激励，未来业绩指标就一定能实现。但实际上企业管理是一项系统性工程，不是简单靠股权激励就可代替其他的基础性工作。而且从激励的角度来看，股权是金条，是非常宝贵的激励资源，而薪酬、职业发展、福利体系等则是钢筋水泥，搭建房屋不能上来就用金条，而是要用钢筋水泥，要把基础的框架打牢之后，再进行局部的修葺和装饰。也就是企业在决定采用股权激励之前，要先审视内部的短、中期激励是否已经做到位。贸然把股权当作薪酬激励一样撒出去，很可能损害企业控制权甚至降低组织效率。

> ### 案例一：控制无力的 51%
>
> 盛豪集团自 2008 年创立以来，在王董事长的带领下快速发展，已成为拥有 500 多家连锁门店的餐饮集团。王董事长的发展理念是：将小公司做成大公司，将大公司做成大家的公司。在这个理念的指引下，集团原本和下属分公司的股份比例为 6 : 4，董事长提议下放更多股份给分公司，集团只在分公司占股 51%，分公司占股 49%。
>
> 在这样的股权激励架构下，各地逐渐形成"诸侯割据"态势。随后，集团想通过推行数字化实现组织管理的高效与发展创新，也就是要加大数字化的技术和团队的投入，组建新的数字化事业部，却遭到了下属公司负责人，也是股东的反对。他们认为当下的模式已经是行业领先，靠目前的模式，公司发展得很好，大家也能赚到钱，也能靠股权分到收益。但是一旦要加大投入，而且可能是长期的投入，会影响到后续自己的分红收益。由于王董事长只占有 51% 的股权，只是相对控制权，而非绝对控制权（67%），持股 49% 的股东们有否决权，最终此计划由于各地"诸侯"反对的声音太大而搁置。但由于管理的低效，加上疫情的暴发，盛豪集团盈利能

力持续降低，最终在市场上的竞争力也逐渐失，原本 500 多家的门店，到 2022 年初，所剩已经不足一半。

案例二：收回过早给出的股权

在创业早期，顽石公司按照创业公司的"惯例"，跟风开展了一次股权激励，激励对象为包括总经理在内的高层管理者。创始人的说法是，激励是"为了激发核心员工的奋斗热情"。当股权激励实施后，公司的高层管理者如愿拿到了公司股份，总经理出资 60 万元，获得公司 10%的股权。但刚变更注册不到 3 个月，总经理就病倒了，申请了长期病假，一休息就是一年多，其间几乎没有对企业发展做出任何贡献。公司董事会先是决定由董事长（创始人）兼任企业总经理，在这期间，企业的业务规模快速扩张，随着管理工作量的增多，急需一个新的专职总经理接手企业经营管理工作。经与病休的原总经理沟通，其愿意辞去总经理职务并将之前的工作妥善交接给董事会选出的新任总经理。但在讨论到股权问题时，双方商谈陷入僵局。

董事会、大股东希望能够将股权收回，为未来的高管团队预留股份额度，而原总经理先是不愿让出股权，之后又提出了苛刻条件——按照公司的最新估值 3 亿元，要求公司以 3000 万元现金购买股权，这对处于发展关键期的顽石公司来说无异于天价。原总经理知道公司正处于发展的关键时期，资金对企业发展至关重要，上千万元的资金支出是很大的负担；他也清楚，公司发展至今，他个人贡献甚微。但他还是选择自身利益为先，坚持自己提出的条件。经过几轮谈判后，原总经理在将价格降到 1500 万元后不愿再让步。顽石公司创始人也认为，如果不能及时收回股权，公司的损失将会更大，不得已凑足资金回购了其股权。

案例一中，盛豪集团因为过多的股权释放导致公司失去绝对控制权，各地"诸侯"对抗集团，当集团想要推行改革时遇到强大阻力，导致企业竞争力下降，市场萎缩。案例二中，顽石公司跟风实施股权激励，同样由于过早实施股权激励，对其也造成巨大损失，最终创始人痛定思痛决定用 1500 万元买公司未来。

企业在实施股权激励时，首先要确保基础激励体系的完善，如健全的薪酬绩效体系、员工的职业发展体系等，而在考虑股权激励的额度时一定要保证企业创始人对企业的绝对控制权，更为重要的是，要考虑激励对象是否与企业价值观一致，是否具有先公后私的价值导向，这是股权激励能否成功的关键。股权分配合理，才能使企业的经营管理更加有序，决策更加高效，发展更加健康。关于股权激励的详细阐释，可阅读德锐咨询人力资源领先战略系列丛书之《股权金字塔》。

📥 集中化管理

集中化管理是现代企业集团提高效率与效益的基本取向，具体而言，就是集中人力、物力、财力、管理等生产要素，进行统一配置，从而达到降低成本、高效管理，使企业集中核心力量，获得可持续竞争优势的目的。

对于规模较大的集团性企业，人力资源管理职能往往在总部与子公司、事业部都有设置，并配置相关的人员。但越来越明显的一个趋势是，很多企业开始把人力资源管理由传统的六大模块转为三支柱模式。究其原因，实际上是原有的人力资源的分权模式，即总部和下属公司或事业部都有相应职能，只是在权责大小上有所不同，这种模式对下属公司的人力资源管理水平的要求较高，但实际上各业务板块管理水平参差不齐，而且更多以业务和短期利益为导向，很难也很少会理解集团层面的战略考虑与布局，对总部政策执行的效果偏差较大。而人力资源管理的政策纲领性和操作实践性都比较强，政策纲领性在于集团总部，操作实践在于下属公司，各自必须有所集中和侧重。

采取三支柱模式，实则是将人力资源核心的功能集中管理，专家中心（COE）负责全集团及各自下属单位的体系建立，用机制来解决问题，共享服务中心（SSC）则可以作为人力资源配置作战资源的后台，不仅能提高效率，也能实现自上而下的一致性。而在下属单位或事业部所保留的人员是人力资源业务伙伴（HRBP），他们的核心职责是将集团顶层的方案、制度、规则，与所在单位的业务结合起来，在坚持总体方案与规则的前提下，确保在经营单位落地实施。三支柱模式就是企业集中化管理的重要体现。

实际上不仅是人力资源管理，集团总部的财务管理、采购管理、品牌建设等这些需要政策统一性的职能都要考虑进行集约化管理，尤其是采购管理。集中化管理有利于通过规模化采购提高企业总体议价能力，降低成本，提高专业能力，最终促进的是整体效率的提升。

➡️ 战略聚焦工具

战略聚焦工具 12：大组织病的诊断标准

战略聚焦工具 13：管理幅度计算量表

战略聚焦工具 14：审视内部流程的关键五问

第七章

人才聚焦

> 对所有团体组织来说，人是其最宝贵的财富。但是，几乎没有一个组织将人是宝贵财富这一理念付诸行动。
>
> ——彼得·德鲁克《巨变时代的管理》

人才对于每家企业都是有限的资源，怎样把有限的人才最大化地使用，就需要企业将人才聚焦于最有价值的事情，也就是：

人才聚焦于企业愿景，不去做与愿景无关的事。

人才聚焦于核心业务，不能浪费于非核心业务。

人才聚焦于打造优势，不要放在无法形成核心竞争力的领域。

▷ 集中人才打胜仗

从古至今，军队围绕战略、组织、领导力以及执行力等所做的思考，都是围绕着"打胜仗"这条主线展开的。在激烈的竞争环境中优秀企业纷纷向军队学习如何打胜仗。在畅销书《打胜仗》中有这样一段话：企业管理者都想打胜仗，但战争的历史经验告诉我们，企业要想打胜仗，就必须从决定胜负的基本要素入手，老老实实地沉下心来，一点儿一点儿地把打胜仗的基本面做好，这样才能奠定持续打胜仗的根基。对于企业来讲，持续打胜仗的基本面就是集中人才。

华为强调重仓人才，才能重仓未来。任正非曾说："2021—2022 年是求生存、谋发展战略攻关最艰难的两年，在公司聚焦的业务领域，作战需强大的队伍，要有足够水平的兵力，才能集中优势兵力打赢'歼灭战'。"

沧州大化：人才聚焦，摘掉 ST 股帽子

沧州大化集团（以下简称沧州大化）是位于渤海之滨的大型国有企业，曾因尿素产品闻名于世。20 世纪 70 年代我国从荷兰、美国引进 13 套大型化肥装置。沧州大化极力争取，将其中一套装置成功留在了"北大荒"。沧州大化在国内率先完成工程建设，并于 1977 年成功实现首批尿素产品下线。从 1996 年到 2012 年的持续发展，沧州大化成为国内最大的 TDI（甲苯二异氰酸酯）生产厂家，企业职工一度达到了 7000 多人。

但在 2016 年，沧州大化遇到了经营困境，机构臃肿、效率低下等问题日益显现，再加上主导产品 TDI 和尿素市场低迷，连续 2 年亏损，上市公司被特别处理了，两大股东开始寻求企业重组，企业濒临破产，命悬一线。

面对生死攸关的危局，沧州大化领导班子以壮士断腕的决心，实施了大刀阔斧的改革。首先剥离无效或低效业务单元，关停了多年亏损严重的化肥装置，对部分子公司进行了注销或破产清算，对非战略性业务进行整体出租。其次，建立扁平化高效管理体系，各层级管理部门减少 46%，管理人员减少 45%，管理层级由 7 级压缩为 3 级；管理流程减少 54%，降低了管理成本，提高了管理效率。

在沧州大化的改革中最主要、最关键的举措就是人才聚焦。

首先，沧州大化对冗余人员进行裁撤，2015—2017 年沧州大化在德锐咨询的协助下，通过实施人才盘点，依法安置富余职工 3290 人，在人员安置过程中投入超过 2 亿元。

其次，对优秀人才的激励，推行薪酬变革，以宽带薪酬模式取代了实行 23 年的岗位技能工资制度，以岗位重要性为基础、以个人素质和能力为参照、以工作表现为主要指标，重新确定了干部职工的薪酬标准，大幅度拉开薪酬差距，实现价值与薪酬的有效匹配。

最后，沧州大化进一步加大对关键岗位人才管理的投入，加强对专业技术人才梯队的建设，专门设立了工程技术岗位序列。通过设立首席工程师、主任工程师、副主任工程师等专职技术岗位，以能力为导向建立员工发展通道，搭建起技术人员充分展示自身才华的舞台。

最终，沧州大化以人才盘点、提升优秀人才的薪酬待遇、优先培养关键岗位优秀人才等人才聚焦的方式充分调动员工工作激情，在 2017 年也实现了净利润 14.5 亿元的好成绩。2014—2017 年沧州大化营业收入、利润与人员规模如表 7-1 所示。

表 7-1　2014—2017 年沧州大化营业收入、利润与人员规模

维　度	2014 年	2015 年	2016 年	2017 年
营业收入	31.16 亿元	17.94 亿元	29.43 亿元	44.17 亿元
营业总成本	33.25 亿元	25.35 亿元	25.45 亿元	26.31 亿元
利润总额	−2.09 亿元	−7.41 亿元	4.15 亿元	17.92 亿元
净 利 润	−2.17 亿元	−7.31 亿元	4.18 亿元	14.48 亿元
在职员工数量	2884 人	1683 人	1467 人	1370 人

资料来源：澎湃新闻及德锐咨询项目案例。

德锐咨询通过多年咨询经验总结也发现，高增长、高人效的企业往往在关键人才配置与储备、优秀人才密度以及人才管理机制等方面均优于低增长、低人效企业。所以，人才聚焦的核心在于两个方面：一是在关键业务和关键岗位上，要对人才饱和配置甚至提前配置；另一方面，要不断提升人才队伍的整体作战能力，这就涉及提升优秀人才占比，以及通过激励的倾斜来激发员工的作战动力。

➡ 关键岗位饱和配置

关键岗位是在企业经营活动中处于最重要环节的岗位。一般指对企业在经营、管理、技术、生产等方面竞争力的影响较大，与企业战略目标的实现密切相关的一系列重要岗位之和，是企业发展所需关键能力的主要组成部分。**一般采用战略相关性和岗位稀缺性两个维度来判断企业的关键岗位。战略相关性越高和岗位稀缺性越高的岗位，就是关键岗位。**

战略相关性：岗位对企业战略落地的相对重要性，可以通过岗位价值评估来判断，也可以通过岗位所在的价值链来判断，处于业务价值链中的岗位比处于职能价值链中的岗位对战略的支撑性更高。

岗位稀缺性：实际上是指胜任岗位人才的稀缺性，也可以称为不可替代

性。岗位稀缺性可以从胜任岗位所需知识、技能的独特性和培养周期来判断，独特性高、培养周期长，岗位的稀缺性或者说岗位的不可替代性就越高。关键岗位识别矩阵如图 7-1 所示。

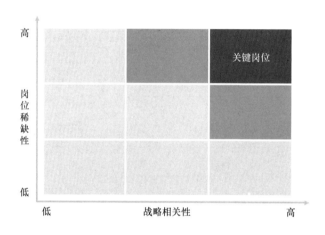

图 7-1　关键岗位识别矩阵

识别关键岗位时通常通过两步来判断。第一步根据战略举措推导与实现战略密切相关的岗位；第二步通过岗位招聘难度判定岗位稀缺性，进而确定关键岗位（见图 7-2）。

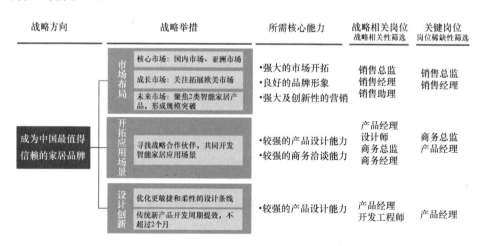

图 7-2　关键岗位识别逻辑

在识别出关键岗位后，可以组织企业核心管理层或骨干员工，根据企业的战略目标，研讨共创关键岗位配置标准或方案，从而确定岗位所需人才数量。拉姆·查兰（Ram Charan）曾说："将合适的人才安排到合适的岗位是任何一个领导者都不应委托他人进行的工作。"关键岗位配置标准示例如表7-2所示。

表7-2 关键岗位配置标准示例

人员配置标准（示例）			
职 能 分 类	岗 位 名 称	配 置 依 据	配 置 标 准
市场管理	营销人员	销售额	1：×亿元
	市场总监	区域数量	1个区域配置1人
	订单管理	销售额	1：×亿元
	报价管理	营销人员数量	1：×人
	标书管理	销售额	年销售额×亿元以下按1：×亿元
			年销售额×亿～×亿元按1：×亿元
			年销售额×亿～×亿元按1：×亿元
			年销售额×亿元以上按1：×亿元
	合同管理	销售额	A产品：1：×亿元
			B产品：1：×亿元
			C产品：1：×亿元
	风控管理	客户单位数	1人（非必配岗位，由公司确定是否设专职，最多一人）
	应收账款管理	销售额	选配：1：×亿元
	市场信息管控	营销人员数量	选配：1：×人
	客诉管理	营销人员数量	选配：1：×人
	市场服务	营销人员数量	选配：1：×人

例如，在考虑营销人员的数量时，就要考虑销售额目标，如果一个营销人员可以完成2亿元，那么配置标准就为1：2亿元，企业战略目标为10亿元就应该配置5个人。在考虑配置标准时，常用的配置方法包括：工作分析法、流程分析法、劳动效率法、人员配置法、标杆对照法、预算控制法，每一种配置方法都有其适用的范围，想要了解更多的配置方法和使用案例可参考德锐咨询人力资源领先战略系列丛书之《人才盘点》。

对关键岗位进行人才规划时，建议采用"饱和配置"，即在数量上满编甚至超编，在质量上必须都是明星级优秀员工。在同等员工数量规模之下，优秀企业与一般企业拉开差距的核心就在于，优秀的企业重视在关键岗位上配备更多数量和更高质量的人才。从正态分布的角度上来说，各类岗位上优秀员工、一般员工和落后员工的分布比例一般在 20%、70%和 10%，但是在关键岗位上，要打破人才结构的 271 法则，优秀人才占比至少不低于 50%。

⇨ 关键人才提前储备

近年来，越来越多的地区政府、企业意识到人才的重要性，全国各省、市掀起了一轮又一轮的人才争夺战，很多企业也越发感受到招人难，招到优秀的人才更难。这种现象实际上给企业敲响了一个警钟，就是在劳动力人口短缺的大趋势下，要仔细规划、提前储备优秀人才。很多企业每年都会做战略规划、业务规划、财务预算规划等，但是唯独缺少人才的规划与储备。这里说的人才规划并不是指根据现有岗位编制，查缺补漏，制订下一年的招聘计划，而是要结合企业的战略需要，针对关键岗位从招聘、培养、优化等多维度思考人才梯队的建设，提前做好各阶段的人才需求和规划，并明确人才的来源渠道，这样的储备规划才更有利于落地执行。

用一个案例来介绍如何进行人才的提前储备。LS 企业是连锁餐饮行业的高成长性企业，对它来说，首先店长是使它快速发展的关键人才。因为店长是支撑企业扩张的基础。其次，如果拥有数量众多、品质优秀的店长团队，则对于选拔出胜任的高管就不会是难事。最后，如果拥有数量众多的店长团队，则可以给予基层人员希望，只要是优秀人才，未来就会晋升，进而提升士气。

所以，首先要从企业的战略规划来确定未来 3 年需要的优秀店长数量。LS 企业未来要开 100 家门店，那么就需要 100 个优秀的店长。那这 100 个优秀店长从何处而来，要考虑 3 个维度：内部留存、外部招聘、内部培养，同时也要考虑人员的优化。从这 3 个不同维度去做优秀店长的储备，然后把每一年的目标分解到位，就形成了整体的人才储备计划。在这个过程中，尤其要重视招聘有潜力的基层人员，重点培养。从实践上来看，内部培养的店长存活率更高，适应性更强，产生高绩效的概率也更高。

LS 企业优秀店长三年储备规划如图 7-3 所示。

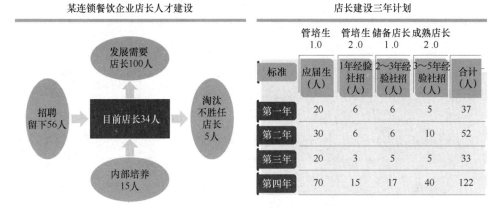

图 7-3　LS 企业优秀店长三年储备规划

提升优秀人才密度

人才密度（Talent Density）是指一个组织中按照某一标准评选出的优秀人才的数量在组织人员总数中所占的比例。企业要想在关键岗位上实现最优的人才配置，得先有人才。企业需要通过一系列的机制和措施确保组织内部不断产生优秀人才，持续提升人才密度，重点可以关注四大关键措施。

人才密度=优秀人才数量+组织人才总数

关键措施一：用人才盘点了解当前人才密度

人才盘点是企业常态化的人才管理机制，主要基于企业的战略要求，建立人才数量和质量的标准，基于标准来对现有人员进行评估诊断，在了解当前人才密度的基础上，更有针对性地制定提升人才密度的外部招聘和内部培养的策略。从质量的维度上来说，主要是从素质和业绩两个维度全方位评价员工的表现，判断员工在人才盘点九宫格（见图 7-4）当中所处的位置，针对不同位置的员工进行有针对性的分类管理。而通过人才盘点，企业也能够发现本企业的人才密度，即人才盘点九宫格中 1（超级明星）和 2+（核心骨干）的人员的数量占比。

基于人才盘点九宫格，判断出企业整体人才结构之后，就可以有针对性地制定提升人才密度的举措，包括哪些岗位通过外部招聘更有效率，哪些岗位通过内部培养更有效率，以及哪些人员当前已经不适合企业发展，需要及时优化。经过招聘、培养和人员优化就能够进一步提高、夯实企业的人才密度。

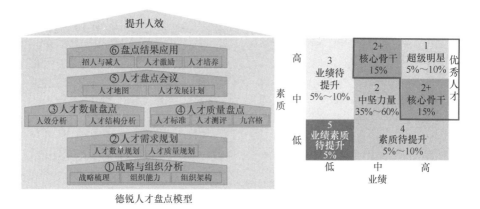

图 7-4　人才盘点九宫格

关键措施二：招聘外部优秀人才

对于短期内较难培养的关键岗位人员，建议企业通过加强外部招聘补足人才缺口，同时也建议企业开展持续招聘，不断发现并引进外部的优秀人才，提升内部人才质量。但是招聘不是简单的简历筛选、安排面试，而是需要一套科学规范的招聘管理体系，真正做到精准选人，选到不合适的人给企业造成的损失是巨大的。总的来说，企业想要招到优秀人才，要从 3 个层面入手。德锐咨询精准选人体系如图 7-5 所示。

第一层面：提升对精准选人的认知。首先，企业家要提升选人的重视程度，在关键人才的招聘上投入足够多的精力；其次，明确选人主体，招聘不仅是人力资源部的责任，管理者应该是人才招聘选拔的第一责任人。而且在人才抢夺时代，无论是人力资源部还是用人部门，都要有主动找人才的意识，而不是被动地等人才找上门，因为这样招到优秀人才的概率已经越来越低。

第二层面：提升人才定义能力。明确关键岗位人才画像并达成共识。人才画像包括冰山上的知识、技能和经验等显性胜任力素质，这部分解决的是会不会做的问题；也包括冰山下的能力、价值观、个性特点等底层素质，这部分解决的是能不能做好的问题。实践证明，冰山上只需要满足门槛条件即可，这样可以放大选人的余地，而对于冰山下的素质则需要严格考察，因为这是决定候选人是否能够长期、持续、稳定地产生高绩效的核心因素。对人才画像达成共识意味着用人部门和人力资源部要达成共识，这样才能在招聘选拔时避免因为认知的不一致而产生内耗和低效。

第三层面：提升人才识别能力。正如图 7-5 所示，要想提高选人的精准度，要经历人才选择六道关，包括精准提问、深度追问、性格测评、直觉验证、背景调查和试用考察。需要强调的是，在面试的过程中，一定要采用行为面试法，即以候选人过往的成功经验为主要提问场景，重点追问其采用的行为和效果，只有这样才能真正考察对方是否具有与岗位相匹配的能力和素质。过去的成功行为是预测未来继续产生成功行为的最好依据。

图 7-5　德锐咨询精准选人体系

关键措施三：培养可培养的人才

企业培养方向决定了企业成长的质量，企业人才培养的速度决定了企业高质量发展的速度。企业内部的人才培养实际上是更为长久的人才储备战略。内部培养的人才，尤其是在基层培养起来的管理层，在企业内部适应性更强、与公司文化更匹配，而且存活率更高。尤其是对于一些外部招聘代价较高，且人才相对稀缺的岗位，更要重视相关人才的内部培养。华为使用包括后备人才盘点（继任计划）、任期管理（人才流动）、之字形轮岗成长（轮岗发展）、百战归来再读书（学习发展）、华为大学导师制、战略预备队训战等举措提升优秀人才数量。针对如何培养出优秀员工，德锐咨询通过数百案例总结出 3 倍速人才培养模型，如表 7-3 所示。

表 7-3　德锐咨询 3 倍速人才培养模型

中层管理团队来源	培养值得培养的人			让有培养能力的人来培养	培养能够培养的能力	在实战中培养
	冰山上条件	冰山下共性标准	筛选条件			
管培生	学生干部经历		大胆自信	1. 人力资源部 2. 导师 3. 直线经理	1. 专业知识 2. 行业知识 3. 管理能力	1. 导师制 2. 个人发展计划（IDP） 3. 训练营 4. 在岗学习（OJT） 5. 行动学习
优秀骨干	专业过硬	① 先公后私 ② 聪慧敏锐 ③ 成就动机 ④ 学习突破 ⑤ 团队协作	影响他人		1. 影响他人能力 2. 计划统筹能力 3. 团队管理能力	1. 导师赋能 2. 承担管理职责 3. 参加管理会议
现任管理者	业绩达标		持续奋斗		1. 新知识 2. 新技术 3. 新的管理理念及方法	1. 轮岗 2. 外派充电学习
新进管理者	成功管理经历		谦虚开放		1. 公司文化及价值观 2. 战略规划与目标 3. 产品体系与运营流程 4. 公司制度规范体系 5. 新的人际关系	1. 融入之旅计划 2. 建立人际关系 3. 鼓励发挥优势

　　企业想要持续提高优秀人才数量，打造优秀的组织能力，必须 3 倍速培养使员工成为优秀人才，也必须遵循这 4 个方面的原则：**培养值得培养的人、让有培养能力的人来培养、培养能够培养的能力，以及在实战中培养**。同时，坚持"招聘基层，培养中层，选拔高层"的人才供应逻辑，系统而快速地培养企业人才队伍，企业内部运行的"造血机制"就能够真正形成，未来成功复制、并购就有了充足的底气和保障，最终企业将因人才培养而获得更高的员工敬业度、更持久的竞争力、更快于同行的发展速度和更高于同行的发展和人才密度。关于人才培养可参考德锐咨询人力资源领先战略系列丛书之《3 倍速培养》。

关键措施四：让不合适的人及时下车

"合适的人是企业的正资产，不合适的人是企业的负资产。"企业只有把"不合适的人"剥离出组织，把有限的资源投到"合适的人"身上，才能使人才资产保值增值，提高人均效能，保证企业长远发展。通过人才盘点九宫格进行企业内部的人才扫描，会发现"不合适的人"一般有3种。

第一种：业绩低、价值观低的人（定位"5"）。这类人业绩产出比较低，同时对企业价值观的认同感和自律性也比较低，是最需要被果断剥离的不合适的人，一般在3个月内要处理完毕。

第二种：业绩高、价值观低的人（定位"4"）。这类人可能由于自身的专业技能、客户资源或者其他因素而取得的业绩是比较高的，但是其本身的价值观和潜力相对较低，可能或者已经做出过与企业价值观相悖的行为。对这类人的处置时常让企业家感到左右为难：严肃处理会影响企业的业绩，不处理会对团队和企业价值观的维护造成巨大的伤害。对这类人，通用电气、阿里巴巴或京东这些领先企业的做法和态度出奇一致：一旦发现，不管企业的业绩会有多大损失，毫不手软，第一时间坚决处理，避免造成更大的损失。

第三种：业绩低、价值观高的人（定位"3"）。对这类人的特点史玉柱有过形象的描述："兔子人缘好，讨大家喜欢，但它不出业绩；兔子最爱繁殖，比谁都爱繁殖，不停地繁殖，找同类，生出大量小白兔，形成兔子窝。如果一家企业的大量核心岗位被兔子霸占，形成了'兔子窝'文化，就会失去战斗力，失去市场机会。"对这类人员也要处理，不过给予一次调岗、培训的机会，如果业绩在限期内没有明显提升，也要果断淘汰。

🔲 资源向优秀人才倾斜

通过有限的资源投入实现最大化的价值创造。在《华为基本法》中对于资源的分配这样讲道："我们坚持'压强原则'，在成功的关键因素和选定的战略生长点上，以超过主要竞争对手的强度配置资源，要么不做，要做，就极大地集中人力、物力和财力，实现重点突破。在资源的分配上，应努力消除资源合理配置与有效利用的障碍。我们认识到对人、财、物这 3 种关键资源的分配，首先是对优秀人才的分配。我们的方针是使最优秀的人拥有充分的职权和必要的资源去实现分派给他们的任务。要让员工努力创造高价值，企业需在培养、晋升、薪酬等方面将资源向优秀的人才进行倾斜。"

提升优秀人才的薪酬待遇

人才和贡献的规律符合"二八定律"，既然 20%的人才创造了 80%的价值，那 20%的人才就能够拿走 80%的薪酬。很多企业是做不到的，但是华为能够做到，给火车头加满油，让火车头拼命拉车，带动整趟列车跑得更快。事业机会是吸引人才的第一要素，薪酬待遇是吸引人才的必要条件。"热力学第二定理"也告诉我们，没有水位差就没有水力，没有温差就没有风，没有风，地球也就不会有生命，生命的动力就是差异。组织内部有不平衡的差异才会形成持续提升组织活力的动力。华为能够做到人均效益行业领先，其方法就是汰弱留强，把奖励和机会向成功者、奋斗者、业绩优秀者大胆倾斜。

企业通过人才盘点，可基于人才盘点结果，结合员工的薪酬现状，设计调薪矩阵来实现调薪资源的差异化分配（见表 7-4）。

表 7-4　调薪矩阵示例

人才盘点/薪酬渗透率	PR<0	0%≤ PR<25%	25%≤ PR<50%	50%≤ PR<75%	75%≤ PR<100%	PR>100%
1（超级明星）	25%	20%	18%	15%	13%	不调薪或者按特殊情况来实施个性化的薪酬调整
2+（核心骨干）	18%	15%	13%	11%	10%	
2（中坚力量）	15%	13%	11%	9%	8%	
3（业绩待提升）	9%	7%	5%	0%	0%	
4（素质待提升）	5%	3%	0%	0%	0%	
5（素质业绩待提升）	0%	0%	0%	0%	0%	

说明：**PR**（Penetration Rate，PR），即薪酬渗透率，主要体现了员工薪酬在对应职级薪酬范围内的相对位置。在同等条件下，PR 值越高，说明该员工当前的薪酬水平越高。

$$PR = \frac{员工当前薪酬 - 当前职级薪酬最小值}{当前职级薪酬最大值 - 当前职级薪酬最小值} \times 100\%$$

从表 7-4 调薪矩阵示例可以看到，当 PR 值相同时，人才盘点的结果越好，说明员工在当前岗位上创造价值的能力越强，其调薪的比例就越高。当然，如果企业期望薪酬资源向价值创造者进一步倾斜，可以拉大不同人才盘点结果之间调薪比例的差距，对于 4 类或 5 类这些不合适的员工，不予调薪。如果人才盘点结果相同，PR 值越低，调薪的比例越高。因为同样的人才盘点结果说明员工的价值创造能力趋同，那么对于现有薪酬水平较高的人员其调薪比例可适当缩小，现有薪酬水平较低的人员调薪比例可适当拉大，最终使得同一职级上价值创造能力相近的人员薪酬水平趋同，从而保证薪酬分配的内部公平性。

提升优秀人才薪酬待遇，人效提升 10%

大林公司成立于 1993 年，是地级市里最大的零售企业，拥有 60 多家连锁超市，含综超、标超、便利店 3 种业态。2019 年，大林公司遇到了发展的瓶颈，虽然每年的业绩在增加，但利润还是下降了，内部管理问题日益凸显。

员工人数越来越多，但是积极性有所下降，不时听见员工抱怨薪资低、工作累，员工的老龄化也很严重；一些经验丰富的骨干人员开始流失，人才梯队有断层风险；管理者的管理能力明显跟不上，虽然被提拔了好几年，大多依然停留在遇事抢着干的执行层面；虽然业绩提升，但是人工成本的上升速度已经高于业绩提升的速度，负担越来越重，对人效的管理已然成为大林公司发展的阻碍。

为了提升人效、精简冗余，保住核心骨干，大林公司果断实施人才盘点。通过人才盘点，识别出不合适的人占 12%，优秀人才占 16%。而通过对不合适的人进行淘汰优化后，将未来节省的部分资源向优秀人才倾斜。同时结合市场水平，调整了整体的薪酬架构。经过调薪后，1 和 2+人员平均薪酬涨幅为 15%。2 类胜任人员的平均涨幅为 10%，提高了大部分优秀和胜任员工在薪酬上的安全感，重点是这样的激励方式真正做到了根据员工能力和业绩进行差异化分配，实现了真正的公平。

在接下来的 3 年，每年大林公司都开展人才盘点以及结果应用，人才结构和质量明显上升，总人效提升了 10%。

优先培养企业的优秀人才

大部分企业都会认为人才培养的周期长，投入大，见效慢，但实际上未必如此，关键的问题在于培养谁。正如上述所讲，要实现 3 倍速的培养，关键还是培养值得培养的人。就像华为一直强调干部不是培养制，而是选拔制。学习、成长和进步是员工自己的事情，企业只需要搭建好完善的平台和机制，员工想要学习，还得自己交学费。在培养资源有限的情况下，应优先对创造价值的 20%人员和未来创造价值的人才进行培养。在人才盘点中，针对不同类别的人员，在培养机会的倾斜上会有明显的侧重。不同类别人员的培养关注度如表 7-5 所示。

表 7-5　不同类别人员的培养关注度

人才盘点九宫格	培养关注度	培 养 方 式
1（超级明星）	☆☆☆	制订个人发展计划；轮岗；挑战性工作任务；扩大工作职责
2+（核心骨干）	☆☆☆	制订个人发展计划；挑战性工作任务；扩大工作职责
2（中坚力量）	☆☆	给予更多锻炼机会，加强过程中的反馈辅导
3（待提升者）	☆☆	制订改进计划；明确要求，导师带教
4（问题员工）	☆	制订改进计划；明确要求，加强反馈
5（失败者）	/	/

那些真正优秀的人才（1 和 2+类），不需要太多外力的驱动，只要与他们就目标达成共识，并且提供更大的空间，更多的机会和资源，他们就能又快又好地达成结果。反观那些不合适的人（3、4、5 类），即使给到再多的资源，很可能也是浪费，所以对于他们更多是明确目标和改善的方向，给予更多的指导和反馈，而一旦发现，即使给了时间空间也难有改变，就要马上优化处理，及时止损。

除了通过人才盘点九宫格把握培养的大方向之外，在实际的培养过程中，也要及时追溯判断，哪些人还有可培养的机会，哪些人已经很难再培养。这里引入一个工具——人才发展质量检测四道关（见图 7-6），即企业的管理者在日常的团队管理中，要从员工的自我认知、行动意愿、提升方法和成长速度等 4个方面判断员工是否还有培养的价值。如果一个员工能够认识到自己的优势与不足，并且对自己的不足有较强的改进意愿，同时又能找到明确具体的方法提升能力，最后成长的速度能够符合工作的需要，那么这个人就是值得培养的。反之，但凡 4 个方面有一个表现出反向行为，那么就要果断放弃，避免培养资源的浪费。

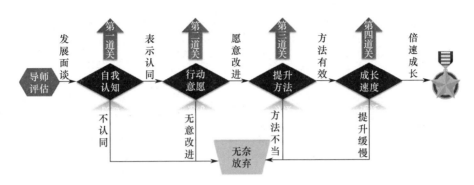

图 7-6　人才发展质量检测四道关

优先晋升企业的优秀人才

自新生代员工成为职场主力军以来，追求个人能力成长与职业发展已经成为大多数员工的诉求，设置合理的员工晋升机制是保留优秀人才的有效手段之一，通过晋升机制既促进员工职业发展、实现自我价值，又满足企业留住员工共同发展的需求。

我们发现，很多中小型企业的员工发展通道尚未打开，发展体系是一条单一的纵向通道，员工最终的职业发展路径只有一条，那就是管理者方向。这意味着员工必须一级一级地向上晋升，所谓的职业发展实际上是一条别无选择的道路，由于公司职位、个人能力的局限，这样的职业发展容易遇到瓶颈，而且晋升的标准不够明确，很难形成对员工能力提升的牵引作用。

所以企业要建立清晰的晋升通道和规范化的晋升管理机制，将人才盘点结果作为员工晋升的重要参考条件。重点是明确每个层级晋升的关键条件，让真正有能力、有业绩的人快速获得职位的晋升。通过这种方式，员工也会更有目标感和自我驱动力，不断提升自己的能力和业绩，力争快速获得晋升。晋升标准示例如表 7-6 所示。

表 7-6　晋升标准示例

项目管理序列晋升标准					
维度	要求	储备项目经理	项目经理	高级项目经理	项目总监
经验	专业经验	至少在咨询顾问岗位任职半年	至少在储备项目经理岗位任职半年	至少在项目经理岗位任职 1 年	至少在高级项目经理岗位任职 1 年

（续表）

项目管理序列晋升标准				
维度	要求	储备项目经理	项目经理	高级项目经理	项目总监
经验	项目经验	主持完成 1 个完整的项目，顺利结项，款全部收回，无投诉或独立负责过至少 5 个模块	主持至少 2 个项目，其中 1 个项目顺利结项，款全部收回，无投诉	主持至少 3 个项目或 1 个大型项目（150 万元以上），顺利结项，款全部收回，无投诉；参与内部管理 2 个及以上	主持至少 4 个项目或 1 个大型项目（150 万元以上），顺利结项，款全部收回，无投诉；参与内部管理 2 个及以上
业绩	人才盘点	2+及以上	2+及以上	2+及以上	2+及以上
贡献	文章撰写	至少有 1 篇期刊文章发表或承担写书工作，有书籍出版	至少 2 篇期刊文章发表或承担写书工作，有书籍出版	至少 3 篇期刊文章发表或承担写书工作，有书籍出版	至少 3 篇期刊文章发表或承担写书工作，有书籍出版
	知识分享	2 场内部专业分享	主持并完成某一专业课题研发或标准化，通过标准化小组认定	主持并完成某一咨询新课题研发，形成产品成功运用到项目板块中，并有效落地	主持并完成某一咨询新课题研发，形成产品成功运用到项目板块中，并有效落地

　　人才聚焦是实现战略的重要驱动力，先人后事才能事半功倍，才能在激烈的竞争环境中取得胜利。人才聚焦是需要企业具有先投入的勇气，企业家也必须认识到，对人才管理机制和资源的大力投入才能实现企业的人才队伍整体能力的提升，这种能力的提升不是短期的，而是通过组织能力的建设实现的长期稳固的打胜仗的能力。

⇨ 战略聚焦工具

　　战略聚焦工具 15：关键岗位识别矩阵

　　战略聚焦工具 16：精准选人体系

　　战略聚焦工具 17：人才盘点九宫格

　　战略聚焦工具 18：3 倍速人才培养模型

　　战略聚焦工具 19：调薪矩阵

　　战略聚焦工具 20：人才发展质量检测四道关

第八章

企业家精力聚焦

> 企业创始人、领导人及管理者并不一定是企业家。企业家是具有企业家精神的人。
>
> ——彼得·德鲁克

➡ 企业家精神 36 字标准

改革开放以来，我国涌现出一批批众多的创业者，在他们的引导和带领下，中国民营企业快速崛起、蓬勃发展，推动着我国经济建设事业突飞猛进。但同时我们也看到，虽然中国民营企业数量众多，而能够活过 10 年的仅有 6%。有数据显示，美国的中小企业的平均寿命为 8 年，日本中小企业的平均寿命为 12 年，而我国中小企业的平均寿命为 3 年。为什么我国的中小企业平均寿命这么短？关键因素之一就在于，很多中小企业创业者**缺乏企业家精神**。

关于企业家精神，不同学者有不同定义。本书以国家层面给出的定义为准。2017 年 9 月 8 日，中共中央、国务院下发《关于营造企业家健康成长环境弘扬优秀企业家精神更好发挥企业家作用的意见》（以下简称《意见》），这是中央首次以专门文件明确企业家精神的地位和价值。《意见》提出必须弘扬优秀的企业家精神，并对这一精神提出了 36 字的要求，即**爱国敬业、遵纪守法、艰苦奋斗、创新发展、专注品质、追求卓越、履行责任、敢于担当、服务社会**。

曹德旺曾认为，企业家的责任有三条：国家因为有你而强大，社会因为有你而进步，人民因为有你而富足。做到这三点，才能无愧于企业家的称号。

若以中央提出的企业家精神 36 字标准，或者曹德旺对企业家的定义，我们会发现，并不是所有创业者都能称为企业家。一部分创业者在赚得第一桶金之后未能继续保持艰苦奋斗、创新发展、专注品质、追求卓越等方面的精神，而是更关注个人财富和物质享受，一味地追求短期利益，缺少对企业的愿景、使命以及发展战略的思考，这样的创业者并不是企业家，充其量只能称为商人。中国经济的持续发展有赖于那些由具有企业家精神的创始人所带领的企业，这样的企业关注愿景和使命，关注对社会、对员工、股东所带来的价值，而这样的经营理念也才能为企业的发展注入源源不断的活力，形成良性循环。

精力聚焦于——实现愿景

让企业家的每分每秒都应该朝向愿景、走向愿景。

企业家是企业的掌舵者，企业家的精力对企业的发展是非常重要的战略资源，投入在哪里，收获就在哪里。

企业的战略是否聚焦，愿景能否实现，以及围绕愿景而展开的业务聚焦、优势聚焦、组织聚焦和人才聚焦能否真正落地执行，归根结底，要依赖企业家的精力是否聚焦于实现愿景，也就是企业家的精力是否真正投入在那些支撑战略实现最有价值的领域。

毫无疑问，企业家是最忙碌的一群人，无论在企业创业之初，还是发展到一定规模，企业家都可能身陷各种事务，对外寻找资源、拜访客户、外出学习、参加活动、应对媒体、多方应酬，对内各种会议、制定决策、监督执行、处理突发状况、应对员工诉求，解决管理纠纷，忙碌辛苦，应接不暇。

很多在商界叱咤风云的企业家或经理人，在外人眼中他们光鲜亮丽，事业有成，却鲜少有人知道他们在背后承受着身体、心理的双重巨大压力。近几年来，企业家因为过度劳累而导致早逝的报道数不胜数。企业家肩负使命感，忙于拼搏，忘我工作，很难顾及自身的健康问题。而一些行业领军人物的健康会影响一家企业的命运，也很可能牵动一个行业的发展趋势。所以，企业家必须从纷繁复杂的事务中抽离出来，一方面是要把宝贵的时间和精力投入在最为重要的事情上，另一方面也能适当减轻压力使身体更健康。那么如何判断哪些事

务值得企业家投入精力，可以采用如下两个工具，即重要紧急矩阵和行动优先
级矩阵。

（1）**重要紧急矩阵**：也称时间管理四象限。实际上这个工具适合于所有的
管理者，如表 8-1 所示。该矩阵从重要程度与紧急程度两个维度将管理者所从
事的工作分为 4 个象限：重要紧急，重要不紧急，不重要紧急，不重要不紧
急。企业家应当将精力尽可能投入在重要紧急和重要不紧急事项，而对不重要
紧急和不重要不紧急的事项果断拒绝。

表 8-1　重要紧急矩阵

	紧　　急	不　紧　急
重要	● 工作 A1 ● 工作 A2	● 工作 C1 ● 工作 C2
不重要	● 工作 B1 ● 工作 B2	● 工作 D1 ● 工作 D2

（2）**行动优先级矩阵（The Action Priority Matrix）**，如图 **8-1** 所示。行动
优先级矩阵基于付出（Effort）与影响（Impact）两个维度进行分析，既考虑了
任务本身的重要程度，又考虑了完成任务需要付出的时间，相对更加全面，在
实践中具有较强的指导意义。基于行动优先级矩阵可以将工作任务分为四种类
型，具体如下。

- 快速完成的任务（Quick Wins）：也叫速赢工作，无须耗费太多精力就
  能获得较高的回报，所以企业家应当多关注此类工作。
- 重点任务（Major Projects）：此类工作投入时间长，但一旦成功会带来
  较大回报，需系统规划。
- 可以取代的任务（Fill-Ins）：这类工作不必过多担心，除非有空闲时
  间，否则一旦有其他事情出现，就要放弃这些任务，或将这些"不值
  得"的小任务委派给他人。
- 吃力不讨好的任务（Thankless Tasks）：耗费时间大，价值小，尽量避免
  做这些工作。

上述两个矩阵是一般性的时间管理的工具，为企业家和管理者的精力分配
提供了参考框架，但是到底哪些具体的工作影响更大，更为重要，对于不同的
角色，会有不同侧重点，关键是要对自己的角色定位和职责有更为清晰的认

知。而对于企业家来说，其核心的角色和职责就是带领企业实现愿景，基于此，企业家应重点关注"两抓"与"两放"。

两抓：一抓先人后事，坚持人力资源领先战略。

二抓组织能力打造，造钟比报时更重要。

两放：一是放弃无效社交，将精力聚焦于企业内部管理。

二是放弃事必躬亲，基于胜任而非胜任的大胆授权。

图 8-1　行动优先级矩阵

⇨ 坚持先人后事

什么是先人后事？吉姆·柯林斯在《从优秀到卓越》里给出的解释是"卓越企业的管理者不是首先确定目的地，然后才把人们引向那里。相反，他们首先请合适的人上车，让大家各就各位，然后让不合适的人下车，接着才决定去向哪里"。"先人后事"是企业家必须严格遵循的原则：不仅是要得到合适的人，重要的是"让谁做"这一问题先于"做什么"这样的决策，即得到合适的人先于愿景、战略、战术、组织结构和技术问题。之所以强调先人后事，是因为 3 个重要方面：

第一，如果你是从"选人"而不是'做事'开始的话，就更容易适应这个变幻莫测的世界。

第二，如果你有合适的人在车上，那么如何激励和管理他们就不再是问题。合适的人是不需要严加管理和勉励的，他们会因为内在驱动而自我调整，以期取得最大的成功，并成为创造卓越业绩的一部分。

第三，如果车上坐的是不合适的人，不论你的方向（战略）多么正确，还是无法到达你的目的地。

德锐咨询在吉姆·柯林斯研究的基础上，提出了人力资源领先战略，即企业在所有资源中，如果优先投入和配置人力资源，企业的发展将会事半功倍。而企业家则是推动实施人力资源战略的第一责任人。

企业家应成为人力资源高手

通常认为企业家应该是营销高手、融资高手、并购高手等。但鲜有人提出，在企业中，企业家首先应该是人力资源高手。我们在咨询实践中发现，领先企业的企业家一定是一位名副其实的人力资源高手。他主要的角色和任务体现在 3 个方面。

一是聚焦于人，贯彻领先的人力资源理念，是企业人力资源体系的架构师。

二是选择人力资源高手当企业的二把手，这些高手秉持领先的人力资源理念，构造领先的人力资源体系，培养领先的人才，支撑企业战略目标的实现。

三是为企业选择合适的接班人，这些做法成就了企业的领先。所以，企业家可以是营销高手、融资高手或并购高手等，但人力资源高手才是企业家角色的第一定位。

我们把人力资源管理体系看作是企业中一台无形的机器，若这台机器的构造是系统的、先进的和协同的，它对企业会产生正向的放大效应；若这台机器的构造是错误的、凌乱的、落后的，它对企业就会产生负向的放大效应。在现实工作中，虽然越来越多的企业家开始关注人，人力资源工作对企业发挥的作用也已经得到认可。但是，从时间与资源的投入来看，企业家关注更多的依然是市场、现金流、产品和外部环境等。而事实上，卓越企业的企业家是真正意义上的人力资源高手，他们将人力资源工作视为自己的核心工作。

杰克·韦尔奇：人是我们最重要的资产

通用电气前 CEO 杰克·韦尔奇曾说："自从离开塑料研究实验室以后，人员管理成了我主要的工作。与我在任职期间从事战略、新产品、销售、企业并购等方面的业务相比，对人员管理做的工作是我对通用电气所做的最大贡献。"韦尔奇的著作《赢》一书共 20 章的内容，其中有 13 章都在讲述与人有关的问题，如价值观、招聘、解聘、晋升、绩效、领导力和人员管理等。他总结过往的人员管理经验，给企业管理者中肯的建议是：把人力资源管理提升到重要位置，提升到企业管理的首位，并相信人力资源管理人员有特殊的品质，能够帮助经理人培养领导者、发展事业、引领企业发展。

任正非：人才不是华为的核心竞争力，对人才的管理才是

任正非在华为成立之初，就选择向优秀的公司学习，引入先进的人力资源管理方法和手段，并在短时期内形成了具有华为特色的人力资源管理方法，如华为用人理念、华为招聘与培训体系、华为任职资格、华为 PBC（个人业务承诺计划）考核办法等，这些都为华为实现战略目标、成为行业标杆提供了助力。

2013 年华为设备业务的增长速度放缓，但整个服务业务的增长达到了 24%。价值创造能力正在从设备向服务和软件转移，而服务和软件都是以项目为驱动的。任正非对这一现象和趋势进行了反思，在干部工作会议的讲话上，任正非提出了"少将连长"的概念。针对优质客户和重要的老客户，要把精锐的全能型"海军陆战队员"用来攻克难关，按项目的价值与难度，以及已产生的价值与贡献，合理配置管理团队及专家团队。传统金字塔的底层人员，级别最低，但他们恰恰是面对企业家团队、复杂项目、突破极端困难的着力点。这一方向的转变，解决了传统金字塔底层配置低的问题，使原本不起眼的一线销售人员成为华为的人力资源战略中领先的人才资源，支撑起华为大数据业务的发展。不仅如此，面对挑战，任正非在 2014 年人力资源报告中分析了当前华为的人力资源战略、组织管理方法、人才培养与激励策略，并提出了切实可行的方法来应对未来的挑战。

从任正非对人力资源工作的思考和投入的精力足以看出，他始终把公司内部变化与社会环境变化结合起来，走在众人的前列，将先进的人力资源理念和体系注入华为内部，不断更新升级，引领竞争战略的实施。他致力于打造高效运作的组织，是真正意义上的人力资源高手。

张一鸣：亲自当 HR，实现字节跳动的人才扩张

字节跳动是全球第一家将人工智能应用到主产品的科技公司。短短不到 10 年时间，字节跳动从最初的"今日头条"，已经发展为拥有"抖音""西瓜视频""火山小视频""FaceU"等十几款产品的公司。

字节跳动成立初期，程序员出身的张一鸣虽然是 CEO，却过得像个 HR。放眼中国互联网圈，或许没有哪一家创始人像张一鸣这样重视招聘。张一鸣曾说"招聘是我们最重要的管理工作，招聘决定了我们的战略能否成功。"张一鸣一旦见到认为不错的人才，即使当时没能招聘成功，也会想办法了解到对方的状况，一直保持对其的关注，甚至长达 2~3 年。张一鸣还曾连续几周会见同一个人，地点是对方的小区门口。为了能够及时招到想要的人才，他给 HR 的原则是，只要遇到不错的人，不受任何时间和地点的约束。

张一鸣对人力资源管理的其他方面也很重视。字节跳动的一位 HR 曾回忆说："我入职之后第一次双月会，一鸣对 HR 的事情问得非常深入，甚至问到了绩效考核的细节。"过去的 10 年里，张一鸣既是管理者，也是字节跳动的头号 HR，他正在打造一个属于自己的战斗军团。

无论是杰克·韦尔奇对通用电气的人员管理所做的贡献，还是任正非和张一鸣所秉持的人力资源领先理念及实践对企业的战略落地产生的重大作用，都足以说明企业家作为人力资源高手的重要价值。因此，企业家应该把精力首先投入到最重要的人力资源管理工作中，坚持领先的人力资源管理理念并身体力行推动最佳实践。

⇨ 打造组织能力

《基业长青》里有一段关于"造钟"与"报时"的话令人深思："想象你遇到一位有特异功能的人，他在白天或晚上的任何时候，都能够依据太阳和星星说出正确的日期和时间。例如说'现在是 1401 年 4 月 23 日，凌晨 2 时 36 分 12 秒。'这个人一定是一位令人惊异的报时者，我们很可能因为他的报时能力

对他佩服得五体投地。但是如果这个人不报时，转而制造了一个永远可以报时，甚至在他百年之后仍然能报时的时钟，岂不是更令人赞叹不已吗？"

企业家的使命是打造组织能力

对于一家企业来说，拥有一个伟大构想或一位高瞻远瞩的魅力型领袖，好比是报时；而建立一家企业，使企业在任何一位领袖身后健康有序地运行、经历多次产品生命周期仍然欣欣向荣，好比是造钟。那些能够实现基业长青的卓越企业，其领导者都普遍具备"造钟"的意识和能力，建立卓越可持续运行的组织与管理机制，从而使企业在任何时候都可以在该模式下健康有序地运行并持续创造效益。

从社会经济活动的角度来看，不同组织间的竞争，实质上就是组织能力的竞争，组织能力能够体现出企业间的根本差异，很难被其他竞争对手复制和超越。而组织能力的打造意味着企业必须奉行长期主义，要从组织结构、流程、人才和文化 4 个方面持续投入并不断创新优化。企业成功模型如图 8-2 所示。

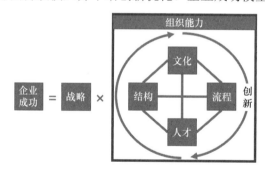

图 8-2　企业成功模型

但现实中，很多企业家对组织能力建设的投入，往往小于对市场、产品等业务层面的投入。企业家更像是一个销售前锋或者产品领袖。企业家应该意识到，对组织的塑造、对人才的开发、对文化的传承，才是造钟的工作。企业家作为头号领导者，其地位和影响力决定了企业家必然是打造组织能力的头号发起者和决策者。只有企业家在战略上重视组织能力，并在战术上给予充分的权力支持和资源支持，企业的战略才能真正由设想变为现实。而企业家打造组织能力，应重点关注 3 个层面。

（1）**布局战略与业务。**组织能力的打造永远以战略为导向，战略方向决定了组织变革的方向。企业家作为组织的掌舵人，其核心能力是要具备战略思维。除了对企业自身的优劣势要有清晰的认知，更重要的是要具有强大的敏锐度和洞察力，能够敏锐觉察到外部环境细微的变化，如经济政策、产业政策、技术革新、客户需求、消费习惯等发生变化对企业业务布局和发展战略产生的影响，善于抓住机会，适时出击。

（2）**发起组织变革。**在当今的商业环境下，企业必须适时进行组织变革，包括业务的精简合并、组织及流程的敏捷化、高管团队的整合，以及文化的重新塑造等，以保持领先的竞争地位。变革的成功需要所有人员认同、坚信、参与和投入。当变革涉及重大利益时，企业家的坚定信念、身先士卒尤为关键。1991—1993 年，IBM 连续 3 年亏损，几乎每天亏损 1480 万美元。当时空降的 CEO 郭士纳，仅用了 3 年时间，奇迹般地使一个连续 3 年累计亏损已经达到 162 亿美元的巨型公司实现税后净收益 60 亿美元。同时他还成功地将这个巨人从硬件制造商改造为一家以电子商务和服务为主的技术集成商。这有赖于郭士纳果敢地在战略、业务、组织和文化方面实施的一系列大刀阔斧的变革和转型。

（3）**找对首席人才官。**无论企业家自身是否是人力资源高手，选择人力资源高手协助自己保持人力资源体系高效运转，对企业至关重要。正如杰克·韦尔奇所说："人力资源负责人在任何组织中都应该是第二号人物。" 企业家打造领先的组织能力，首先要解决的，就是要找到一个合适的首席人才官（Chief Human Officer，CHO）。如果说在组织能力打造上，CEO 是发起人和关键决策者，那么 CHO 就是让目标实现的关键推动者与执行者。CHO 不仅要配合企业家工作，更承担着直接参与和达成成果的责任。

任正非：不遗余力打造组织能力

早在 1998 年，任正非就认识到，一家企业若想基业长青，必须依靠一套可以自我进化的组织机制，而不是依靠老大或几个能人的智慧。否则，企业一定会因人而生，也因人而死。从那时起，华为便启动了长达十余年的组织变革，并对这套系统进行持续优化，形成了今天我们所看到的强大组织能力。

流程管理与企业信息化：华为在创立初期没有科学的流程管理，产品质量不稳定，客户满意度低。在 1998 年，华为便引入 IBM 的集成产品开发（IPD）和集成化供应链（ISC）等进行多项变革，基于客户需求，重组核心流程和供应链网络，5 年期间花费 4 亿美元进行管理流程升级。2003 年，华为第一阶段的管理变革取得了优异成绩——订单及时交货率达 65%，订单履行周期缩短 17 天，库存周转率上升到 5.7 次/年。

客户关系管理：客户是华为存在的唯一目的，华为在最贴近客户的地方，进驻研发团队，设立办事处、服务中心等，以便快速响应客户需求并提供贴身服务。从 2007 年开始，华为联合埃森哲启动了 CRM（客户关系管理）项目，加强从"机会到订单，到现金"的流程管理。华为致力于为客户提供系统化、高效率整体解决方案的同时，重视客户的长期关系维护，与客户保持持续的交流和沟通，定期举办培训、技术交流会及访问计划等，并发展客户作为内部的"教练"和"顾问"，不断提升自身产品质量。

人力资源管理：1997 年，任正非开始谋划人力资源开发与管理系统等的规范化变革，在美国合益集团（HayGroup）的帮助下，华为逐步建立并完善了职位体系、薪酬体系、任职资格体系、绩效管理体系等，并在此基础上，逐渐形成自身成熟的干部选拔、培养、任用、考核与奖惩机制。

财务管理：为构建高效、统一的财务管理平台，以更有效支持公司的业务发展，华为通过与普华永道、IBM 的合作，不断推进核算体系、预算体系、监控体系和审计体系流程的变革。

质量控制和生产管理：当华为将市场拓展至日本、韩国等国家时，这些市场客户对产品质量的严苛要求推动华为质量管理体系更深一步的变革。2007 年，华为高管召开质量高级研讨会，以克劳士比"质量四项基本原则"为依据确立了华为的零缺陷质量原则，强调全员参与质量管理，提高全员质量意识，构建质量文化，以实现每个员工工作的零瑕疵。

企业文化：华为认为企业资源是会枯竭的，唯有文化生生不息。华为的企业文化建设最早可追溯到《华为基本法》的出台，任正非带领全体员工，对企业经营早期形成的"工号文化"、"压强文化"和"床垫文化"进行总结、提炼。在企业的发展过程中，华为也基于内外部情况适时调整文化，从早期艰苦奋斗精神到"狼性文化",再到将企业文化的重心转移到"成就客户",确立"以客户为中心,以奋斗者为本,长期坚持艰苦奋斗"的核心价值观,并逐渐将文化渗透于组织管理的各个方面。

⮕ 减少无效社交

混圈子能给企业带来多少价值

在中国,圈子现象自古就有,可以说是中国特有的组织文化现象。而在其中,少不了与企业家相关的圈子。企业家的社交圈一般包括以下几种。

(1)企业家圈子:由来自不同行业和领域且具有较大影响力的知名企业家组成的圈子,大的如华夏同学会、泰山会等,小的则是各地的企业家商会、企业家协会以及企业家俱乐部等。

(2)商学院圈子:基于商学院 EMBA 同班企业家形成的圈子,EMBA 教育项目除了提升管理层面知识,越来越多的人赋予其"圈层"的含义。

(3)行业圈子:企业家基于自身业务需要所参加的行业协会,便于共享行业信息、掌握行业最新动态等。

在信奉"多个朋友多条路"的中国文化中,圈子的存在确实有其重要的价值。企业家通过一个又一个的"圈子"达到培育人脉、拓展商机以及获取资源的目的。但随着圈子文化盛行,让一些机构或个人看到有利可图,拉上几个名人大咖做宣传,摇身一变成为某某同学会等,以经营圈子的名义收取费用,但实际上未能向企业提供实质性的帮助和价值。所以企业家首先要识别圈子的质量,再考虑投入。

而需要警惕的是,企业家在社交圈的精力投入与回报是否相匹配。有些企业家身兼"多职",是各种商会、协会、俱乐部等十几个机构的理事甚至是理事长。既然"兼了"这么多职,肯定需要投入,即使每个机构一年只开一次会,十几个机构就是十几天。但是这些协会、俱乐部真正为企业的发展带来了多大帮助,这十几天的宝贵时间如果投入到公司的战略业务、组织能力建设和内部管理上又会带来多少价值,这是企业家真正要思考的问题。

最核心的是，企业家需要认识到，能否真正利用好一个人脉圈的资源，其核心不在于这个圈子的能量有多大，而是在于企业家自身能够给这个圈子带来什么价值。人脉圈的本质是资源的对垒和置换，当企业自身实力不足的时候，想通过圈子有所得，实际上困难重重。任何不以资源对等和等价交换为前提的圈子都是镜花水月，把精力过多地投入在这样的圈子，是企业家精力的最大浪费。

俗话说"你若盛开，蝴蝶自来"，混圈子并不百分百可靠，企业家自己要算好精力的投入产出这笔账，减少不必要无意义的社交，将核心精力聚焦于企业的内部，真正在企业的组织能力提升、人才梯队建设、核心产品与技术提升等方面做文章、下功夫。当自身实力提高时，企业与社交圈的资源置换就会有更多选择而不是被选择。

作为全球领先的电信设备服务企业的一把手，任正非低调的言行在行业里众人皆知。任正非很少接受媒体采访，也很少参加颁奖活动和企业家峰会。《福布斯》杂志曾这样评价："任正非是一个很少出现在公众视野中的人物，却是国际上最受人尊敬的中国企业家。"

而作为中国第一、世界第二大汽车玻璃供应商福耀玻璃集团董事长的曹德旺，在 2021 年 "25 位年度影响力企业领袖" 榜单里，获得终身成就奖。而《中国企业家》杂志曾对曹德旺获终身成就奖发表了这样的评价："不混圈子，低调内敛，30 多年来专注于一个领域，终于成就汽车玻璃全球销量第一的佳绩。"曹德旺是草根出身，没有任何上流社会的各种资源，最终却能够在实体工业中做出让美国都承认是真正领先的"中国技术"，更多依赖的是他自身对于事业的聚焦与投入。

无价值的社交差点让 DL 公司倒闭

DL 公司主要从事某种高端的无机非金属材料研发与生产。在 2013 年，DL 公司成功研发出一种高新材料，并通过高效的性能获得了市场的认可，一举打破国外的垄断。当公司销售与利润大幅度提升时，公司的荣誉也随之而来，DL 公司接连获得了高新技术企业、纳税大户、区前 100 强等各类荣誉，董事长张总也开始忙碌了起来。在此之前，技术出身的张总会把更多的时间投入在产品的研发、试样以及工艺技术的改进提升上，同时也关注内部团队的搭建和管理，但后来就开始频繁出席当地与行业的各类协会和商会活动。

一次商会活动中，张总认识了券商行业的合伙人王某，一番交流之后王某建议张总，这么好的产品要快速做大规模并考虑上市。张总被券商说得心动不已，回到公司后就着手策划扩大产能与上市的相关准备。在扩大产能方面，DL公司一举拿下 200 亩的土地，进行新厂房筹建；在上市准备方面，DL 公司开始联系券商、律所、会计师事务所等，进行上市前的内部管理提升梳理。

2015 年，公司如期在新三板挂牌。但当张总与 DL 公司全体人员沉浸在挂牌成功的喜悦时，所在的行业市场却也在发生变化。原本在 2013 年，DL 公司在细分市场上占 20%的份额，张总希望通过扩产能，在 2 年内达到 40%的市场份额。但随着国内其他竞争对手的崛起，以及 DL 公司这几年在产品的工艺技术和质量改善方面缺乏投入，竞争对手的产品后来居上，DL 公司的市场份额不但没有达到 30%，反而被竞争对手压缩到了不足 20%，更为严重的是，产品刚研发成功时，国内 DL 公司一家独大，产品毛利率高达 75%，而到了 2015 年下半年，竞争加剧已经使毛利率降低到了 45%。

到 2016 年上半年时，公司资金链断裂，不得已，张总只能选择将新厂区未投建的 100 多亩土地出卖给政府。新厂区已投建的 80 亩土地在试生产运转后，又将原来已经减少的老厂区卖给其他企业。到 2017 年，公司为了进一步控制成本，终止了新三板的挂牌。

张总跟我们分享这段历史时，总是后悔不已。说如果当时能聚焦精力提升管理、提升产品质量、努力开展业务，不去参与外部那么多没有价值的会议，可能也就不会盲目听别人建议上市，那样 DL 公司也许将是另一番景象。

⇨ 放弃事必躬亲

深入一线的王总

某汽车零部件公司的创始人王总是生产岗位出身，在创办自己的企业之前就职于一家外资 500 强机械制造企业，主要负责技术及生产运营的工作，这样的出身背景也使得他在创办了自己的企业后也继续保持了以往的工作习惯，经常到车间一线去"了解情况"。

　　某天，王总像往常一样早早来到公司，停好车后，没去办公室，而是径直来到生产车间，向班组长了解生产情况。班组长将当天的订单、产品质量、车间排班情况等进行了详细的汇报，王总听完后锁起了眉头，开始和班组长探讨起生产车间的基本问题。时间不知不觉过去，王总还在和班组长提出自己的意见，秘书在一旁不断提醒和其他部门开会的时间已经到了，王总这才意识到自己已经在生产车间待了很久，差点忘记更重要的事情。

　　像案例中的王总这样，喜欢深入管理一线事务、一竿子插到底的老板其实并不少见，他们认为这是一种对公司更负责任的做法，同时自己时刻监控一线情况，心里更踏实，更有安全感，但实际上，这样的做法并不可取。

一竿子插到底实际吃力不讨好

　　有些企业家虽然已经把企业做到一定规模，中高层管理团队也相对充实，但仍然无法摆脱自己在创业初期事必躬亲的行事作风，仍然会无论大事小事都喜欢插手干预，这种管理方式不仅不会降低管理风险，反而对企业的发展造成以下危害。

　　（1）**阻碍中层发展**。企业家的事必躬亲会严重阻碍中层的发展。中层管理队伍是一家企业的中坚力量，对上执行战略，横向协同作战，对下管理团队，通过承上启下实现战略落地。企业的优秀，首先应当是管理团队的优秀。但是企业家本身过度深入具体工作，则会让中层管理者失去思考的能力，甚至丧失承担责任的意识，因为所有的指令都是老板下达的，那么所有的责任都应该老板来背。

　　（2）**企业氛围过于紧张，不利于企业文化的建设**。当企业家过于深入具体工作时，势必会关注甚至追问到各种细节，使得公司从上到下始终保持一种紧张的状态，战战兢兢，如履薄冰。在这样的氛围之下，员工更多考虑的是怎么才能不犯错，而不是怎么才能做得更好，在一定程度上既不利于企业内部文化建设，也不利于工作的创新和突破。

（3）企业家关键职责缺位。当企业家过度深入具体工作，势必会导致其将有限的精力分散到更琐碎的事情上，而对那些原本该投入精力做的重点工作，如企业的战略规划、关键人才选拔、组织机制变革，以及企业文化塑造等方面则关注不够，从而影响企业综合实力的发展。

（4）上下级之间的无效沟通。当企业家过度深入具体工作时，一方面，员工总是被迫越级汇报，久而久之，员工与其上级之间的联结就会变得可有可无，上级变成了只是执行命令的普通员工，丧失了管理能力。另一方面，这种过度管理有时会让信息失真，一线员工往往"报喜不报忧"，这种沟通也就是无效的，反而会阻碍管理的改善。

（5）一定程度上降低基层工作效率。一方面，企业家毕竟精力有限，不可能对基层管理的所有情况都掌握得非常清楚，但是企业家自己又有掌控全局的欲望，对于某些具体的工作的指示很可能考虑得不够周全，在这种情况下，企业家直接对基层提出的很多意见有可能就变成了"瞎指挥"，不利于基层工作的开展；另一方面，就算企业家对于基层工作比较了解，但也会存在与基层管理者想法不一致的情况，这就导致了基层工作的工作节奏或工作方式被打乱，对其工作效率产生负面影响。

基于胜任而非信任的大胆授权

企业家要想能够精力聚焦，就一定要避免事必躬亲，要选择自己信任又得力的左膀右臂予以充分的授权，让核心管理团队真正担负起自己应该担负的责任。但是授权的前提并不是简单的信任，而是要在风险可控的范围内，对胜任岗位的合适的人授权，才能最大限度地降低风险。

1. 纯以"关系"的信任得不偿失

俗话说"打江山容易，守江山难"，除了改建管理机制和管理方法，让"谁"来管更重要。当企业走上正轨或者发展强劲之后，不免会有企业家的亲朋好友想要通过拉关系进入公司任职。实际上基于关系网选择合适的人加入企业本无可厚非，甚至是人才招聘的重要渠道。但是让"关系"站得住脚的关键是能力的匹配。但有些企业家仅仅因为关系的远近，或者一腔热情，或者碍于情面，在缺少对其能力进行必要考察的情况下，就让一些"亲朋"担任重要岗位，并赋予其较大的权力和自由。能力强是运气，但大部分的情况下，这些人的能力可能并不出众，甚至可能给公司带来风险。而企业家又碍于关系，很少会直接指出这些人在工作中的失误，久而久之在公司内会造成企业家"任人唯亲"的不良影响，造成更大范围员工士气和行动力的下降。

2. 单以"履历"给予信任暗藏风险

企业家在选拔管理者时，往往会关注"光环人才"，如光鲜的学历和大厂经验，认为这类人天然地具有某些优势，能够解决企业内的棘手问题，就大胆对其放权，但实际上对这类人的价值观和底层素质考察不足会给企业带来严重隐患。例如，德锐咨询曾遇到这样一个案例：某制造业公司，为了更加贴近市场需求，突破增长瓶颈，急需一名有经验的营销负责人进行内部营销体系的变革优化，于是花重金请猎头找到了一位在行业内知名企业工作多年的非常有经验的销售总监，没有过多考察就办理了入职手续。然而不到 3 个月的时间，该公司就发现这个销售总监存在吃回扣的行为，之后公司管理层又派人调查才发现，原来这位销售总监之前就曾因销售提成的原因与原公司发生过矛盾，但因为之前招聘操之过急并没有过多考察，甚至没有做背景调查，才让他有了可乘之机。

3. 基于价值观与能力的双维度胜任力的授权

信任也是一种资源，一定要确保基于信任的授权的风险最低，所以要对被授权的人的综合能力和素质进行考察，尤其是价值观层面。业务能力决定的是管理者能否干好，而个人素质决定了管理者能否干久。员工的个人素质就是公司的无形资产，而中高层管理者的价值观和个人素质代表了公司文化，是公司全体员工学习的榜样，同时也代表了企业的信誉和长远利益。因此，企业家在进行管理者的选择时，应将个人素质的考察放在第一位，不仅要业务能力胜任，更要素质能力胜任。

空降高管的存活率仅有 5%，其中最主要的原因就是空降高管无法融入公司文化，不能做到完全契合公司价值观。阿里巴巴有闻味官，就是在面试时专门安排一个人负责观察候选人是否能够符合公司的"调性"，也就是我们所说的企业价值观。如果感觉到这个人与公司格格不入，即使他在面试中表现出更强的能力也绝不会将其招入公司。而对于高层管理团队更是如此，如果身为高管却不认同公司的价值观，大家无法做到利出一孔，便会使企业的发展方向发生偏离，或者是议而不决拖慢公司的发展速度。

选择能够与企业同频共振的管理层，既要在价值观上与企业一致，又要在业务能力上独当一面，只有价值观和能力业绩双胜任的情况下，企业家才能做到大胆授权，才能将有限的精力聚焦在最有价值的事情上，才能真正实现企业的战略聚焦。

⇨ 战略聚焦工具

战略聚焦工具 21：企业家精神 36 字标准

战略聚焦工具 22：重要紧急矩阵

战略聚焦工具 23：行动优先级矩阵

战略聚焦工具 24：企业家精力聚焦"两抓两放"

第九章

针尖战略方案设计与实施

> 德锐咨询不仅提供了领先的方法论体系，还提供了这些方法论体系的落地方案，并且还是企业实施的重要推动者。
>
> ——西贝董事长贾国龙

在企业和企业家完成了针尖战略体系构想的基础上，真正做到针尖战略的落地是带动企业转型升级的决胜步骤。只停留在思维层面或者仅方案层面是远远不够的，能否真正落地是考验一个方案是否成功的关键标志。针尖战略整体落地方案分为三步骤：针尖战略诊断、针尖战略规划、针尖战略落地方案与计划。针尖战略实施全景图，如图9-1所示。

战略聚焦内容	战略聚焦诊断	愿景聚焦	业务聚焦	优势聚焦	组织聚焦	人才聚焦	企业家精力聚焦
实施方式	咨询模块	管理层研讨			咨询模块	咨询模块	提供工具
具体内容	访谈调研内外部分析	愿景描述及实现标志研讨核心业务识别优势飞轮研讨及行动计划确定			组织架构、部门职责及岗位设置	人才盘点与优化配置关键人才培养薪酬激励体系	时间分配矩阵to do list具体建议

图 9-1　针尖战略实施全景图

针尖战略诊断

企业的现行战略是否足够聚焦？

现行战略能否指导企业未来 3～5 年甚至更长远的发展？

是否需要对战略进行重新部署和规划？

在过往的企业案例中，很多企业家都会发出这样的疑问。原因在于，当企业的经营数据还没有反映出问题的时候，企业家往往意识不到战略是否聚焦。有些企业可能处于行业周期的波峰，营业收入、利润率、净资产收益率和人效等数据表现较为优异，甚至短期内有持续增长的趋势，但企业家不能仅以经营指标判断未来发展，优秀的企业往往能居安思危，在波峰的时候仍然注重战略聚焦和全面管理，以更好地应对波谷，穿越行业周期、市场周期和经济周期。那么企业到底是否应当或有必要开展针尖战略？首先应当对企业的战略、组织和内部管理机制等进行诊断，发现问题才能解决问题。

如同大部分的诊断一样，以关键人员访谈、问卷调研以及资料研读与分析为主要的调研方式，关键是诊断的框架和维度要围绕着针尖战略的六大方面。

在访谈方面，要重点与企业的核心高管进行一对一交流，了解企业未来的发展方向，当前的业务布局，核心业务表现情况，以及组织效率和人效的情况，更重要的是，了解企业家本身的精力投入情况。

在调研方面，借助德锐咨询敬业度调研问卷来判断内部各项管理制度和规范的有效性。大多数情况下，对企业战略理解得更深的往往是中高管，他们在访谈中提供的是更为直接的对企业战略是否聚焦的一些想法和观点。但是战略聚焦的落地程度到底如何，离不开普通员工的工作状态和他们对公司战略，以及相关组织和人力资源管理的认知与感受。集中体现在员工的敬业度表现，即员工的宣传、留任和努力的程度。而且通过敬业度问卷调研，能够更直观地了解到影响员工敬业度的十项驱动因素中，包括战略、组织管理、领导、同事、薪酬福利、绩效管理、人才选择、人才培养、企业文化以及工作生活平衡等，哪些因素在管理机制上存在问题。这样也能够为后续的针尖战略的具体落地指明方向。德锐咨询敬业度人效模型如图9-2所示。

为了让企业家更直观和清晰地判断本企业的战略是否足够聚焦，此处提供一个自测表（见表9-1）供参考使用，表中的每个维度是我们在访谈和调研中重点关注的方面。

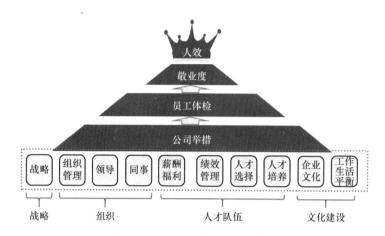

图 9-2 德锐咨询敬业度人效模型

表 9-1 针尖战略自测表

维度	序号	评价事项	得分（分）	评分规则
愿景聚焦	1	企业有明确的愿景和使命		说明： 　　基于每项描述，结合公司实际，选择"是"或"否"，其中"是"计1分，"否"计0分。 　　得分判断： 16~18分：非常聚焦 13~15分：比较聚焦 10~12分：基本聚焦 7~9分：不聚焦 0~6分：非常不聚焦
愿景聚焦	2	企业的愿景描述符合愿景聚焦五要素		
愿景聚焦	3	企业上下对企业愿景达成了共识		
业务聚焦	4	企业基于长期主义，业务聚焦在同一产业链		
业务聚焦	5	企业所布局的其他非核心业务对主业有增强作用		
业务聚焦	6	企业会主动剥离不在同一产业链或没有竞争力的非核心业务		
优势聚焦	7	企业明确其所具有的核心竞争力		
优势聚焦	8	企业的核心优势能形成闭环飞轮		
优势聚焦	9	企业明确其扩大规模及盈利的有效途径		
组织聚焦	10	纵向：企业层级扁平化（1000人规模管理层级未超过4级）		
组织聚焦	11	横向：各部门权责划分清晰，流程顺畅，配合高效		
组织聚焦	12	整体：企业前中后台的人数配比在业内合理		
人才聚焦	13	企业会定期进行人才规划与人才盘点		
人才聚焦	14	企业干部与关键岗位的人才会提前储备		
人才聚焦	15	企业资源（薪酬、培养、晋升）会向优秀人才倾斜		
企业家精力聚焦	16	一把手具有企业家精神与情怀，办企业不是为了赚钱和贪图享乐		
企业家精力聚焦	17	一把手的精力投入组织建设与人力资源管理的时间超过50%		
企业家精力聚焦	18	一把手在面对外部社交时，会有所取舍		

企业在做自测表的时候，一定要依据客观事实而不是主观倾向，如果答案处于"是"和"否"之间，则选择"否"，因为如果对所评价事项模棱两可，说明企业在该条事项本身就没有做到充分聚焦。最终在计分的时候，根据评价事项，选择"是"则计 1 分，选择"否"则计 0 分，最后对分数进行加总。根据总分区间，分别采取对策。

总分在 12 分以上，说明有明显的聚焦倾向，这类企业要保持信心，即使当前处于行业波谷期，也不要轻易更改聚焦方针，盲目抓取机会点、采取多元化战略。这类企业更需要强化的是管理过程中各个环节的闭环，关注结果是否应用、制度是否落地，以及探索应对经济周期波动的预案和举措。如若第一曲线处于行业成熟到衰退的过渡阶段，该类企业可以在资金和人员充足的前提下，寻找第二曲线。

总分处于 6～12 分，说明企业要么在针尖战略六要素的每个方面都有所涉及但执行不彻底，要么只是在某些维度上做得比较好，但是在另一些维度上明显不聚焦。这种情况就需要具体问题具体分析，找到问题的根本原因并制定对策。

总分在 6 分以下，说明企业战略"非常不聚焦"，需要从愿景、业务、优势、组织、人才和企业家精力方面系统打造战略聚焦系统。

⇨ 针尖战略规划

通过前期诊断，重点发现企业是否需要进一步实施针尖战略。实施针尖战略的第一步，则是先做好针尖战略的规划与设计。针尖战略规划要从顶层设计开始，首先，明确企业的愿景，找出企业的未来发展道路以及方向。其次，进一步厘清业务的布局和规划，明确核心业务、成长业务和未来业务，以确定资源投入的权重和节奏。然后，明确企业的核心竞争优势，以确保愿景和业务都能够借力企业的核心优势。最后，进一步明确组织、人才和企业家精力如何规划能够支撑顶层战略的实现。从操作层面，针尖战略规划包括三大步骤：战略洞察、战略研讨、形成战略规划方案。

1. 战略洞察

任何企业的发展都要受其所在的外部大环境的影响，只有充分了解所在环境的变化趋势以及自身的优势差距，才能更精准地制定战略。战略洞察有多种方式，这里借鉴华为的"五看三定"模型，即看大势、看市场、看客户、看竞争和看自己，如图9-3所示。

看大势：通过对新时代下宏观政治、经济政策的分析与研判，结合社会以及科技发展趋势，利用 PEST 模型①洞察国内外的宏观环境，识别行业发展方向和趋势，让企业能够顺势而为。

看市场：通过分析行业发展规模、发展态势以及市场容量等，以此更好地明确战略方向并设置更合理的战略目标从而找到新的发力点。

看客户：通过客户分析，发现客户的痛点和新需求点，运用客户经济学思维，制定合理的战略策略。

看竞争：通过分析标杆企业和竞争对手的经营数据、战略方向、业务策略等方法，移植借鉴优秀企业的成功经验，同时掌握竞争对手发展动向以更好地找准优势、发现差距。

看自己：重点围绕企业的价值链，分析企业的商业模式、核心优势和差距，未来关键能力的打造等，结合前述四方面的外部洞察所总结的机遇和挑战，发现战略机会点。

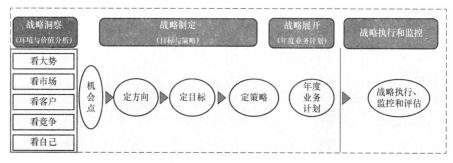

图9-3 "五看三定"模型

五看的目的是，帮企业立足自身，找准机会。五看的结果不是数据和信息的堆砌，而是要在数据和信息中发现契合企业愿景、使命和优势的机会。不论

---

① PEST模型：一种用于分析和评估企业所在宏观环境中关键因素的工具，它由政治（Politics）、经济（Economy）、社会（Society）和技术（Technology）组成。

是用哪类模型进行战略洞察，都需要谨记一个原则：所有数据和信息都是为了更好地制定战略，信息准确、切合、全面、深入，才能算是有效的洞察。五看示例如图 9-4 所示。

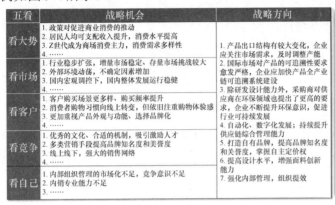

图 9-4 五看示例

2. 战略研讨

通过战略研讨会达成愿景聚焦、业务聚焦和优势聚焦，并掌握组织聚集、人才聚焦和企业家精力聚焦理念和方法。战略研讨会以小组的形式开展，参与战略研讨会的成员通常以中高层管理者为主，在 1～2 天的研讨过程中，通过引导与共创，核心管理层可以就企业愿景达成共识，澄清企业核心业务，明确企业的核心优势；基于愿景、业务和优势，进一步明确组织聚焦、人才聚焦以及企业家精力聚焦的方向，并初步形成行动计划。之所以采用研讨会的方式，是因为要确保企业的战略在核心管理层上要达成一致，我们强调共识的准确比绝对的精确更重要。战略研讨成果示例如图 9-5 所示。

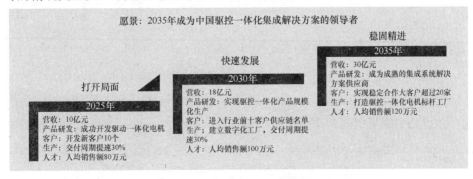

图 9-5 战略研讨成果示例

明确愿景：战略研讨会是在战略洞察的基础上，引导企业通过"三环理论"来厘清愿景，明确使命，做到愿景聚焦。

找准核心业务：基于愿景，借助克里斯·祖克业务聚焦五要素模型和通用电气模型，共同研讨并形成企业能在市场、客户、产品上进行饱和攻击的核心业务的共识。

构建优势飞轮：通过挖掘企业的核心优势，构建自己的优势飞轮，用飞轮效应推动企业在长期发展道路上，由量变走向质变，真正做到业务聚焦和优势聚焦。

明确战略举措：基于前述内外部洞察发现的机会和挑战，明确企业愿景和业务方向，同时又明确了自身优势，这些都将是企业制定战略落地举措的关键输入项。战略的实现要形成具体的战略举措，基于战略地图和 BSC 平衡计分卡 4 个维度，从财务、客户、内部运营和学习成长方面，围绕组织能力和人才队伍进一步明确具体的战略聚焦举措。

3. 形成战略规划方案

基于战略研讨形成的初步方案，我们将进一步帮助企业细化针尖战略整体规划方案，包括业务聚焦如何落地，绩效管理如何承接愿景和战略，组织的效能如何更好地与聚焦战略相匹配，如何提高组织运行效率，降低内部成本，以及如何吸引更多优秀人才，提高人才培养的质量和效率以打造稳健的人才供应链等。针尖战略规划方案将结合企业的愿景和当下发展现状，有针对性地提供改善建议，并区分轻重缓急，帮助企业逐步推进战略及组织变革。企业可以在该规划方案的基础上，选择自己解决问题或者让第三方介入协助针尖战略的落地。

针尖战略落地方案与计划

战略规划做出来之后，最怕束之高阁，要通过具体可行的行动计划确保落地。企业针尖战略的落地重点从组织聚焦和人才聚焦来进行系统化的承接。如果企业在自身推动的效率和效果上存在困难，可引入外部第三方咨询机构帮助推动，能够有效节省时间、提高效率。

针尖战略落地方案如图 9-6 所示。

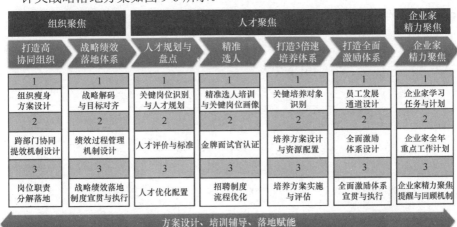

图 9-6　针尖战略落地方案

（1）组织聚焦：组织聚焦从两个方面考虑，一是从组织的架构和职能如何设计能够最大化地促进内部协同；二是从组织的绩效如何管理能够实现目标的上下对齐和过程把控，从而提升企业愿景、战略与业务落地的效率。

（2）人才聚焦：人才聚焦通过人才的选择、培养和激励 3 个方面提升企业的人才密度（优秀人才占比）、人才厚度（人才的能力）和人才的敬业度（工作投入度），确保企业具有足够的人才支撑愿景、战略和业务聚焦的落地。

- 人才规划与盘点帮助企业发现优秀的人、淘汰不合适的人，将合适的人放在最合适的位置上，提升人效；打造企业金牌面试官队伍提升外部招聘的精准度，降低选错人带来的成本。
- 3 倍速培养机制帮助企业快速识别谁是可培养的人，找到谁来培养以及如何培养的关键措施，提升关键人才的核心能力。
- 全面激励体系帮助企业实现基于职位、能力和业绩进行价值分配的机制，实现真正的公平，以提升员工的感知和敬业度。

（3）企业家精力聚焦：企业家的核心使命是打造组织能力，成为人力资源高手。要掌握战略制定、组织能力打造以及人力资源管理的专业知识，同时结合企业战略需要，明确企业家全年的重点工作任务，在这些任务上，企业家必须投入足够的精力。最后需要安排专门的机构或人员，如总经办、秘书、总裁助理等，时刻以实现愿景为出发点督促企业家聚焦精力。

基于前述诊断、规划以及落地方案，形成具体的实施计划，有步骤有计划地开展针尖战略的系统部署，可根据企业的实际情况，确定每个模块的实施侧重点。

🔲 针尖战略落地的关键

1．企业一把手的重视

针尖战略每个环节实施的过程，实际上都是在进行内部的组织变革，有变革就一定会有阻力，而针尖战略是实实在在的一把手工程。企业的一把手不仅是在宏观战略上强调企业要做到战略聚焦，更要在每个环节都身体力行、带头推进，但凡有一点犹豫或者迟疑，都可能会影响整个变革落地的进程和效果。

2．核心管理层的认同

核心管理层是针尖战略落地的主导者。相信在大部分的企业里，大部分的管理者都能够做到先公后私，都能站在企业未来发展的角度来考虑问题。关键是管理者是否掌握了充分的信息，他们是否真正参与到企业的战略制定过程中，是否真正理解企业未来要走向何处，是否认识到自己在这个过程中将要扮演的角色以及自己可能获得的成长和收益。没有参与和理解的认同，要耗费巨大的解释成本。所以企业要做到的是，要让核心管理层充分参与企业的战略制定，并且一把手要把自己心中对企业未来的远大设想向核心管理层进行详细阐释，当管理层参与并理解企业的战略后，就更能在后续的行动中支持推进。

3．人力资源部的承接

很多人都觉得战略聚焦的事情应该由战略发展部来牵头负责，但是针尖战略的范围还不仅是业务聚焦，还涉及领导企业的愿景聚焦、优势聚焦、组织聚焦、人才聚焦和企业家精力聚焦。因此，我们建议人力资源部和 CHO 作为针尖战略落地的组织者，负责向内赋能，承上启下，左右协调，在针尖战略的各个模块发挥不可替代的作用。尤其是在组织和人才聚焦的过程中，需要人力资源部牵头搭建各类制度体系，并向各业务部门和职能部门指导赋能。整个人力资源部门要提升专业能力和战略业务的理解能力，才能更充分地协调职能与业务，更有效率地帮助业务解决问题，保证整个针尖战略的落地效果。

针尖战略实施计划表如图 9-7 所示。

针尖战略	项目模块	工作内容	成果产出
诊断	针尖战略诊断	访谈调研 / 资料研读 / 诊断分析	《××企业针尖战略诊断报告》
愿景聚焦 业务聚焦 优势聚焦	针尖战略研讨	战略洞察 / 战略研讨 / 针尖战略规划	《××企业战略洞察分析报告》 《××企业针尖战略研讨会报告》 《××企业针尖战略规划设计》
组织聚焦	打造高协同组织	组织瘦身方案设计 / 跨部门协同提效机制设计 / 岗位职责分解落地	《××企业组织瘦身方案》 《××企业组织手册（部门职责、岗位设计、跨部门沟通机制）》
	战略绩效落地体系	战略解码与目标对齐 / 绩效过程管理制度设计 / 绩效绩效落地制度宣贯与执行	《××企业战略目标分解矩阵》 《××企业过程管理制度——计划管理、经营分析会、绩效沟通》 《××企业针尖战略规划设计》
人才聚焦	人才规划与盘点	关键岗位识别与人才规划 / 人才评价与标准 / 人才优化配置	《××企业人才数量与质量规划方案》 《××企业人才盘点报告》 《××企业人才优化配置方案与落地建议》
	精准选人	精准选人培训与关键岗位画像 / 金牌面试官认证 / 招聘制度流程优化	《××企业精准选人培训》 《××企业关键岗位人才画像与面试题库》认证20人 《××企业金牌面试官手册》 《××企业招聘管理制度》
	打造3倍速培养体系	关键培养对象识别 / 培养方案设计与资源配置 / 培养方案实施与评估	《××企业关键人才培养方案》 《××企业关键人才培养实施成果》 《××企业关键人才培养评估结果》
	打造全面激励体系	员工发展通道设计 / 全面激励方案设计 / 全面激励制度宣贯与执行	《××企业职位等级体系》 《××企业全面激励方案》 《××企业全面激励制度》
企业家精力聚焦	企业家精力聚焦	企业家学习任务与计划 / 企业家全年重点工作计划 / 企业家精力聚焦提醒与回顾机制	《××企业家学习计划》 《××企业家全年重点工作计划》 《××企业家精力聚焦提醒与回顾机制》

（周期标度：1周、2周、3周、4周、5周、6周、7周、8周、9周、10周、11周、12周、13周、14周、15周、16周、17周、18周、19周、20周、21周、22周、23周、24周、25周、26周、27周、28周、29周、30周、31周、32周）

图9-7　针尖战略实施计划表

战略聚焦工具

战略聚焦工具 25：针尖战略实施全景图

战略聚焦工具 26：德锐咨询敬业度人效模型

战略聚焦工具 27：针尖战略自测表

战略聚焦工具 28："五看三定"模型

战略聚焦工具 29：针尖战略落地方案

战略聚焦工具 30：针尖战略实施计划表

参考文献

[1] 王成. 人才战：CEO 如何排兵布阵赢在终局[M]. 北京：机械工业出版社，2020.

[2] 刘俏. 从大到伟大：中国企业的第二次长征[M]. 北京：机械工业出版社，2014.

[3] 克莱顿·克里斯坦森. 创新者的窘境[M]. 胡建桥，译. 北京：中信出版社，2010.

[4] 李善友. 第二曲线创新[M]. 北京：人民邮电出版社，2019.

[5] 克里斯·祖克，詹姆斯·艾伦. 回归核心[M]. 罗宁，宋亨君，译. 北京：中信出版社，2004.

[6] 克里斯·祖克. 从核心扩张[M]. 曾涓菁，译. 北京：中信出版社，2004.

[7] 克里斯·祖克. 锐不可当[M]. 于慈江，译. 北京：商务印书馆，2010.

[8] 胡赛雄. 华为增长法[M]. 北京：中信出版社，2020.

[9] 严正. 思维领导力[M]. 北京：机械工业出版社，2007.

[10] 李祖滨，汤鹏. 人效冠军：高质量增长的先锋[M]. 北京：机械工业出版社，2021.

[11] 彼得·德鲁克. 卓有成效的管理者[M]. 许是祥，译. 北京：机械工业出版社，2019.

[12] 彼得·德鲁克. 管理的实践[M]. 齐若兰，译. 北京：机械工业出版社，2006.

[13] 彼得·德鲁克. 公司的概念[M]. 慕凤丽，译. 北京：机械工业出版社，2009.

[14] 查尔斯·费什曼. 沃尔玛效应[M]. 张桦，译. 北京：中信出版社，2007.

[15] 吉姆·柯林斯，杰里·波勒斯. 基业长青[M]. 真如，译. 北京：中信出版社，2019.

[16] 吉姆·柯林斯. 从优秀到卓越[M]. 俞利军，译. 北京：中信出版社，2019.

[17] 吉姆·柯林斯. 飞轮效应[M]. 李祖滨，译. 北京：中信出版社，2020.

[18] 迈克尔·海亚特. 愿景驱动领导者[M]. 王漫，译. 北京：机械工业出版社，2021.

[19] 黄卫伟. 管理政策[M]. 北京：中信出版社，2022.

[20] 罗伯特·卡普兰，大卫·诺顿. 战略地图：化无形资产为有形成果[M]. 刘俊勇，孙薇，译. 广州：广东经济出版社，2005.

[21] 张丽俊. 组织的力量：增长的隐性曲线[M]. 北京：机械工业出版社，2022.

[22] 朱安妮塔·布朗，戴维·伊萨克. 世界咖啡[M]. 郝耀伟，译. 北京：机械工业出版社，2010.

[23] 沈娜. SMART 原则在绩效目标管理中的启示[N]. 中国审计报，2009.

[24] 罗伯特·卡普兰，大卫·诺顿. 战略地图：化无形资产为有形成果[M]. 刘俊勇，孙薇，译. 广州：广东经济出版社，2005.

[25] 李祖滨，刘玖锋. 精准选人：提升企业利润的关键[M]. 北京：电子工业出版社，2017.

[26] 李祖滨，汤鹏. 人效冠军：高质量增长的先锋[M]. 北京：机械工业出版社，2021.

[27] 李祖滨，汤鹏，李锐. 人才盘点：盘出人效和利润[M]. 北京：机械工业出版社，2020.

[28] 李祖滨，刘玖锋. 找对首席人才官. [M]. 北京：机械工业出版社，2020.

[29] 李祖滨，汤鹏. 聚焦于人：人力资源领先战略（第 2 版）[M]. 北京：电子工业出版社，2020.

[30] 张治宇. 毛泽东战术奇招："零敲牛皮糖" [J]. 党史纵览，2010.

[31] 华通咨询. 华为执行力[M]. 北京：清华大学出版社，2015.

[32] 李颖生，鲁培康. 营销大变革：开创中国战略营销新范式[M]. 北京：清华大学出版社，2009.

[33] 鲍勃·菲费尔. 利润倍增[M]. 聂传炎，张安毅，译. 武汉：湖北科学技术出版社，2017.

反侵权盗版声明

电子工业出版社依法对本作品享有专有出版权。任何未经权利人书面许可,复制、销售或通过信息网络传播本作品的行为;歪曲、篡改、剽窃本作品的行为,均违反《中华人民共和国著作权法》,其行为人应承担相应的民事责任和行政责任,构成犯罪的,将被依法追究刑事责任。

为了维护市场秩序,保护权利人的合法权益,我社将依法查处和打击侵权盗版的单位和个人。欢迎社会各界人士积极举报侵权盗版行为,本社将奖励举报有功人员,并保证举报人的信息不被泄露。

举报电话:(010)88254396;(010)88258888

传　　真:(010)88254397

E-mail:　dbqq@phei.com.cn

通信地址:北京市万寿路 173 信箱

　　　　　电子工业出版社总编办公室

邮　　编:100036